Die aufsehenerregenden Werbekampagnen des italienischen Modeher-
stellers Benetton provozieren seit Jahren weltweit Reaktionen vom Verbot bis zur Prämierung. Tabubruch ist das Prinzip ihres kreativen Kopfes,
des Mailänder Fotografen Oliviero Toscani. Sein rücksichtslos-provokan-
tes Buch ist eine Generalabrechnung mit einer eitlen Branche. Toscani
macht der Werbung den Prozeß. Er klagt an: der Verschwendung von
Unsummen, der sozialen Nutzlosigkeit, des Verbrechens gegen die Intelligenz und gegen die Sprache. Werbung sei rassistisch und diskriminie-
rend, in ihrer Welt gäbe es keine Armen, keine Ausländer, keine Arbeitslosen. Toscanis Streitschrift ist Plädoyer für eine sozial verantwortliche
und politisch engagierte Werbung und Selbstdarstellung zugleich – streit-
lustig und umstritten wie seine Fotos.

Oliviero Toscani wurde 1942 in Mailand als Sohn eines bekannten Fotore-
porters geboren. Von 1960 bis 1965 studierte er Fotografie und Grafik an
der Kunstgewerbeschule Zürich. Bereits seine ersten Fotoarbeiten, u. a.
für Esprit, Fiorucci und Jesus Jeans, bewiesen, daß Toscani den Klischees der klassischen Werbung nicht folgen wollte. Seit Mitte der achtziger Jahre entwirft Toscani als Werbechef seine umstrittenen Benetton-
Kampagnen.

Unsere Adresse im Internet: www.fischer-tb.de

Oliviero Toscani

Die Werbung ist ein lächelndes Aas

Deutsch von Barbara Neeb

Fischer Taschenbuch Verlag

3. Auflage: Juli 2000

Veröffentlicht im Fischer Taschenbuch Verlag GmbH,
Frankfurt am Main, April 1997

Lizenzausgabe mit freundlicher Genehmigung des
Bollmann Verlags, Mannheim
Für die deutsche Ausgabe:
© Bollmann Verlag, Mannheim 1996
Die Originalausgabe erschien 1995 unter dem Titel
›La Pub est une charogne qui nous sourit‹ bei Editions Hoëbeke, Paris
© Editions Hoëbeke, Paris 1995
Druck und Bindung: Clausen & Bosse, Leck
Printed in Germany
ISBN 3-596-13564-8

Inhalt

I

Halleluja!
Unser Baby pinkelt blau!

Getting my facts from a Benetton ad I'm lookin thru African
  eyes
Lit by the glare of an LA fire
I've got a face, not just my race Bang Bang I've got you babe

Sun comes up and the man goes down and the woman comes
  again
Just an hour or so to be safe from fear
Then we jump thru hoops, we're divisible now, just disappear

We reach out over race and hold each other's hands
Then die in flames singing »we shall overcome«
Wao! What's going on?
There'll be some blood no doubt about it
But we'll come thru don't doubt it
I look into your eyes and I know I won't kill you
And I look into your eyes and I know you won't kill me
You won't kill me
You won't kill me
Reach over race and hold each other's hands
Walk thru the nite thinking we are the world

David Bowie,
Song aus dem Album
Black tie white noise

Halleluja! Treten Sie ein in die beste aller Welten, das Paradies auf Erden, das Reich der Glückseligkeit, des sicheren Erfolgs und der ewigen Jugend. In diesem Wunderland mit immer blauem Himmel trübt kein saurer Regen das glänzende Grün der Blätter, nicht der kleinste Pickel wölbt die babyrosa Haut der Mädchen, und niemals verunziert ein Kratzer die spiegelblanken Karosserien der Autos. Auf leergefegten Straßen fahren junge Frauen mit langen, braungebrannten Beinen in schimmernden Limousinen, die soeben aus der Waschanlage kommen. Unfälle, Glatteis, Radarkontrollen und geplatzte Reifen sind ihnen fremd. Wie Aale schlängeln sie sich durch die Staus der Großstädte, entgehen all den braungebrannten Autoscheibenputzern an den Ampelkreuzungen und verirren sich auch niemals in heruntergekommene Viertel, sondern gleiten geräuschlos zu geräumigen Altbauwohnungen oder zu luxuriösen Wochenendhäusern mit unbezahlbaren Möbeln.

Dort erwarten sie Opapa und Omama – natürlich in Topform – inmitten eines Blumenmeeres und zu den heiteren Klängen eines Violinkonzerts. Die Kinder hüpfen lachend um sie herum und sind außer sich vor Freude dank Onkel Dittmeyer und der lila Kuh. Sie weinen nicht mehr, bekommen nie Läuse oder Scharlach und sie stecken auch niemals die Finger in die Steckdose. Ihre Mami – zwanzig Jahre alt, kein Gramm Zellulitis und ohne einen einzigen Schwangerschaftsstreifen – wickelt singend die strammen Babypopos, die niemals vollgeschissen sind, sondern wunderbar duften. Tja, und dann wischt die hübsche blonde Fee, die sooo gut gebaut ist!, tanzend die Fliesen einer Küche, die jedem Großrestaurant Ehre machen würde. Mit Hilfe eines Zauberpulvers verwandelt sie Berge von schmutziger Wäsche in ordentliche Stapel neuer Kleidung. Und schließlich, oh Wunder!, wird ihr Regelblut hellblau und hinterläßt keine Flecken mehr auf ihrem Schlüpfer. Blau wie der Himmel, der durchs Fenster lächelt, blau wie das Pipi ihres Babys, das nie in die Hose geht. Ein Refrain mit Ohrwurm-Charakter trällert: »Das Glück ist da!«

In der Zwischenzeit entwickelt die Welt sich weiter! Gutaussehende junge Banker empfangen Papi, ihren besten Freund, in ihren Bürolandschaften und versprechen ihm das süße Leben. Keine Engpässe mehr am Monatsende, Kredite, Finanzierungspläne, Rentenversicherung, Bausparpläne – kein Problem! Aufgeklärt, ach was: erleuchtet geht Papi nach Hause, jetzt ist Schluß mit der Krise, Schluß mit Entlassungen, Arbeitslosigkeit, Konkursverfahren. Mit seiner neuen Kreditkarte gehört ihm die Welt, er kann mal eben nach Saint-Tropez oder nach Bangkok jetten, mit Sohnemann auf den Malediven Haie fischen oder sich in einem Vier-Sterne-Hotel in Guayaquil mit Mädchen in String-Bikinis amüsieren. Keine schlaflosen Nächte mehr, es genügt, die Zauberkarte in den Traumautomaten zu schieben – lebe jetzt, zahle später. Begeistert ruft er, Telefonrechnung hin oder her, Mami an, die sich eine ihrer zahllosen Schönheitskuren in den Bergen oder an einem Palmenstrand (aber ohne Eingeborene) gönnt. Kurz darauf entschwebt er in einem fliegenden Ohrensessel, läßt sich von verführerischen Stewardessen bedienen, schläft in den Wolken ein und erwacht ohne Verspätung und frisch rasiert am anderen Ende der Welt. Mami, das Ebenbild Claudia Schiffers mit stets frischgewaschenem und seidig glänzendem Haar, wirft sich in Designerrobe in Papis Arme. Die beiden hüllen sich in Bahnen aus schwarzer Seide und kosten vom Kaffee mit dem Geschmack der Leidenschaft, der Krönung des Tages, und von all den Produkten, die Verführung der Sinne versprechen. Dann umschlingt er sie auf aphrodisischen Matratzen, und eine neue Melodie säuselt eindringlich: »Alles ist gut« und »Aids kann uns nichts anhaben«.

Nach dem Aufwachen verteilt Mami eine Wundercreme auf ihrem Gesicht, ihre Hand ist von Spülmitteln gepflegt und hat lange, lackierte Fingernägel, die niemals abbrechen. Wie durch Zauberei glätten sich die Falten, ihre Lippen sind glänzend und üppig wie die der Stars, die Zellulitis verschwindet unter ihren Händen, ihr Busen strafft sich und reckt sich gen Himmel, ihr Po wird fest und rund, sie hat wieder den schlanken Körper eines jungen Mädchens und die Beine eines Top-Models. Dank seiner Cowboy-Zigaretten und seines »Wikinger«-Parfüms ist Papi feurig und begehrt sie wie am ersten Tag. Vergessen sind Streß und Müdigkeit, sie baden in ihrer Liebe, ihre Augen leuchten, und die Kinder machen sich inzwischen mit Feuereifer an die Hausaufgaben.

Im postmodernen Gebäude nebenan strecken perfekt rasierte Schönlinge siegesgewiß ihre Fäuste gegen die zartblaue Decke ihres Büros, und aus riesigen Lofts faxen sie phantastische Verträge und Projekte an ihre Klone in Anzug und Krawatte am anderen Ende der Welt. Ihr Boß mit dem einnehmenden Lächeln – er sieht ja aus wie Opapa! – gratuliert ihnen und schließt sie in die Arme. Der Vorstand mit zahlreichen schönen Frauen in kurzen Röcken applaudiert. In einer solchen demokratischen Gemeinschaft gibt es keinen autoritären Chef, keinen Streik und keine Gewerkschaft und ebensowenig unerquickliche Diskussionen um Gehälter und Beförderung oder Machtkämpfe. Das ist gelebte Utopie! In diese Traumfirmen voller Designermöbel fährt man natürlich nicht mit dem Bus oder in einem überfüllten Zug zur Arbeit, sondern mit einem GTI-Coupé, einem als Zäpfchen getarnten Motorrad oder einem Turbo-Modell. Wozu sich Sorgen machen? Braungebrannte Vierziger hinter imposanten Schreibtischen kümmern sich um alles und versichern Sie gegen alle Risiken und alle Krankheiten – aber psst! dieses Wort ist hier verboten! Sie erstatten Ihnen, ohne mit der Wimper zu zucken, alle Arztkosten und sorgen dafür, daß Sie Ihren Ruhestand in einem Landhaus mit nachgemachtem Fachwerk und altmodischem Kachelofen verbringen können. Was will das Volk? Na, nichts! Auf unserem wunderbaren Planeten ist das Leben doch schön.

Diese idyllische Welt ist, wie Sie bestimmt bemerkt haben, das künstliche und abgeschmackte Reich der Werbung, die uns seit bald dreißig Jahren verblödet.

BASTA COSÍ! SCHLUSS DAMIT!

2

Verbrechen
gegen die Intelligenz

Was kann der Einzelne dazu beitragen, um zu verhindern, daß dieser Planet sich selbst zerstört? Ich sehe nur eine Lösung: Jeder muß sich engagieren. Und hier sind die Verantwortlichen bei Benetton den anderen ein gutes Stück voraus. Über ihre Beweggründe gebe ich mich allerdings keinerlei Illusionen hin.

Spike Lee, Regisseur, New York.
Interview im *Rolling Stone Magazine*.

Aufgrund folgender Untaten eröffne ich hiermit den Nürnberger Prozeß gegen die Werbung:

VERSCHWENDUNG VON UNSUMMEN
SOZIALE NUTZLOSIGKEIT
LÜGE
VERBRECHEN GEGEN DIE INTELLIGENZ
HEIMLICHE VERFÜHRUNG
VERHERRLICHUNG DER DUMMHEIT
AUSGRENZUNG UND RASSISMUS
VERBRECHEN GEGEN DEN INNEREN FRIEDEN
VERBRECHEN GEGEN DIE SPRACHE
VERBRECHEN GEGEN DIE KREATIVITÄT
HEMMUNGSLOSES AUSPLÜNDERN

VERSCHWENDUNG VON UNSUMMEN. Nach einem offiziellen Bericht der AACC* vom Januar 1994 stellten die europäischen Unternehmen für Werbung in den Massenmedien – Presse, Radio, Fernsehen – ein Budget von 330,5 Milliarden Franc bereit, in den USA waren es 406,7 Milliarden und in Japan 172 Milliarden. Hierbei handelt es sich um Zahlen aus dem Jahre 1992, mitten aus der Rezession. Zusammengerechnet erhält man eine Summe, die die Hälfte der Aus-

* Association des agences conseil en communication

landsschulden Südamerikas, die gesamte Schuldenlast des Mittleren Ostens oder Nordafrikas ausmacht, wie sie im Jahresbericht *L'État du monde 1992* * geschätzt werden. In jedem westlichen Land entspricht dieser Geldstrom 1 Prozent des BSP oder dem durchschnittlichen Budget der Kultusministerien. In Deutschland sind es z. B. 85 Milliarden Franc, die in die Werbung investiert werden, in Großbritannien 92,64 Milliarden und 48,7 Milliarden in Frankreich, wenn man den Angaben des AACC folgen darf. Dazu kommen noch die Ausgaben für Direktmarketing, Werbung auf Ausstellungen, für Öffentlichkeitsarbeit, Messen, Kataloge und Prospekte, die noch einmal ähnlich hohe Beträge verschlingen.

Mit dieser enormen Finanzkraft im Rücken pflastert die Werbung heutzutage jede Straßenecke zu, jede Sehenswürdigkeit, jede Grünanlage, Bushaltestellen, Metros, Flughäfen, Bahnhöfe, Zeitungen, Cafés, Apotheken, Kioske, Feuerzeuge, Telefonkarten und und und. Die Werbung unterbricht die Filme im Fernsehen, sie besetzt das Radio, die Zeitschriften, die Strände, den Sport, die Kleidung, ja nicht einmal unsere Schuhsohlen läßt sie aus! Unsere gesamte Welt, der ganze Planet wird überschwemmt! Es ist völlig unmöglich, das Radio oder den Fernseher einzuschalten, die Zeitung aufzuschlagen, kurz einen Schritt zu tun, ohne auf die gute alte Werbung zu stoßen. Sie ist überall. Das ist Big Brother, immer mit einem Lächeln auf den Lippen!

Ich finde es schrecklich, daß diese riesige Präsentationsfläche, dieser Raum für Ausdruck und Ausstellung, dieses größte lebendige Museum moderner Kunst, das hundert-

* *L'État du monde 1992*, Édition la Découverte, Paris

tausendmal größer ist als Beaubourg und das New Yorker Museum of Contemporary Arts zusammen, daß diese Tausende von Quadratkilometern an Plakaten, die in der ganzen Welt geklebt werden, diese riesigen Werbetafeln, diese gemalten Slogans, diese unzähligen Seiten in den Printmedien, diese Millionen Sendestunden im Fernsehen und Radio, daß all dies für jene paradiesische Bilderflut reserviert ist, die dumm, irreal und trügerisch ist. Kommunikation ohne jeglichen Nutzen für die Gesellschaft. Saftlos, kraftlos, sinnlos. Ohne irgendeine andere Botschaft als die der grotesken Verherrlichung eines Yuppie-Lebensstils, alles so schön bunt hier, lebenslänglich Party-Time.

Die Werbeschaffenden, die vorgeben, die neue Lehre der Kommunikation zu beherrschen, behaupten, seit drei Jahrzehnten in der Lage zu sein, den unerschöpflichen Geldstrom der Investoren in großartige Verkaufskunst zu verwandeln. Tatsächlich fahren sie dank der großzügigen Unterstützung durch die langjährig betrogenen Werbekunden fort, den ganzen Planeten mit der gleichen verdummenden Bilderflut zuzukleistern. Denken Sie einmal an die letzten Spots von Peugeot für den europäischen Markt, in denen der »605« chromglänzend von jungen aufstrebenden Führungskräften gelenkt wird. Sie haben das doch in den letzten zehn Jahren schon hundertmal gesehen, diese funkelnden Schlitten – einerlei welcher Marke – im Schein der untergehenden Sonne. Welch ein Klischee, und von Einfallsreichtum keine Spur. Trotzdem wird dieses ewig gleiche Geschwafel nach wie vor finanziert. Laut dem äußerst seriösen US-Magazin *Media International* (Juli 1994) und dem LNA-Bericht/Rom* hat Peugeot 1992 weltweit 790 Millionen Dollar für Werbung ausgegeben. Renault gab 1993 weltweit 593 Millionen Dollar aus. Ford: 1 Milliarde Dollar 1992 für Kommunikation in der ganzen Welt. Fiat: 868 Millionen Dollar. Honda: 705 Millionen Dollar.

Doch wer finanziert all diese Kampagnen, diese ewig gleichen Filme mit den immergleichen Chromteilen? Selbstverständlich wir, die Verbraucher, denn diese Rieseninvestitionen schlagen sich in den Endpreisen der Produkte nieder. Damit ist die Werbung, und das sollten Sie niemals vergessen, die erste indirekte Steuer.

SOZIALE NUTZLOSIGKEIT. Verraten Sie mir eines: Warum haben die großen Autokonzerne bislang nie wirkliche Aufklärungskampagnen etwa zu den Themen Trunkenheit und Tod am Steuer, Raserei oder Verkehrsopfer an Wochenenden gestartet? Warum haben sie die urbane Verschmutzung und die Zerstörung der Ozonschicht durch Auspuffgase sowie die beunruhigende Überfüllung und Verstopfung der Großstädte so lange ignoriert? Warum kommen die Werbung und die »Kommunikation« dieser Konzerne niemals auf die großen gesellschaftlichen Probleme zu sprechen, die sich durch das Überhandnehmen des Autos ergeben? Wäre die Öffentlichkeit zu blöde, um ihre Botschaften zu verstehen?

»Während des Todeskampfes geht der Verkauf weiter«, ließ 1994 ein Aidskranker in der Presse unter einem Foto seines abgemagerten Gesichts erklären. Er wollte damit gegen meine Anzeige protestieren, die die Aidstragödie an-

* Leading National Advertisers/Rome reports.

spricht. Er hat nicht verstanden, daß ich das großartige Forum der Plakatwerbung nutzen wollte, um jene Tragödie zu einem Zeitpunkt ins Bewußtsein zu rufen, als niemand die Kranken zu zeigen wagte. Nun gut, ich teile die Ansicht, die hinter der furchtbaren Aussage dieses Schlagwortes steht, das sich tatsächlich auf die gesamte Werbung anwenden läßt, die so verlogen, sexy und unterschwellig ist:

Während des Todeskampfes der Verkehrsopfer geht der Autoverkauf weiter.

Während des Todeskampfes der Kranken, die nach einem mit Cowboy-Zigaretten verrauchten Leben an Lungen-, Zungen- oder Speiseröhrenkrebs leiden, geht die Tabakwerbung weiter.

Während des Todeskampfes von Millionen europäischer und amerikanischer Alkoholkranker, die das Gesundheitssystem ihres Landes ruinieren, die Klinikbetten blockieren, die Gefängnisse füllen, geht der Verkauf weiter, und die Werbung macht uns mit schönen Frauen, die Flaschen umarmen, weiter an.

Die Werbeschaffenden haben das Wesentliche ihres Handwerks vergessen: Kommunikation. Ihnen mangelt es an Wagemut und Verantwortungsgefühl. Sie denken nicht an die gesellschaftliche und erzieherische Rolle des Unternehmens, das ihnen ein Budget anvertraut. Sie ziehen es vor, Hunderttausende von Dollar auszugeben, um hinter einem Citroën ein paar Pferde galoppieren zu lassen, ohne sich auch nur eine Sekunde den Kopf über die Verrückten zu zerbrechen, die ihr eigenes Rodeo auf den Straßen veranstalten. Aus Angst, ihre Kunden zu verlieren, weigern sie sich, das Publikum wirklich zu informieren oder auch nur darüber nachzudenken. Dabei ist ihre Verantwortung enorm. Denn schließlich wäre es an ihnen, die Kommunikation einer Marke über das bloße Marketing hinaus zu definieren. Es wäre ihre Aufgabe, ein überzeugendes Werbesystem voranzubringen, das sich bislang lediglich im Kreis dreht und dazu auffordert, ständig noch mehr zu kaufen. Die Befindlichkeit des Menschen ist vom Konsum nicht zu trennen. Warum also sollte die Kommunikation, die sich darum dreht, oberflächlich sein?

Ein italienisches Unternehmen wie Fiat gibt weltweit Hunderte von Millionen Dollar für seine Werbung aus. Ungeachtet dessen ist das Fiat-Image nach wie vor schlecht. Niemand glaubt, daß man sich auf diese Autos verlassen kann. Die Deutschen stellen sich unter einem Fiat eine zweitklassige Klapperkiste mit röchelndem Motor und auseinanderbrechender Karosserie vor. Dabei sind es gute Autos, die ohne weiteres mit anderen europäischen Marken mithalten können. Aber nein, nichts da, ihre Kommunikation schafft es immer noch nicht, das Image dieser Marke zu heben, sie zeigt weiterhin die ewiggleichen Clips mit gewienertem Chrom und kleinen, sexy Italienerinnen. Und das will ihnen einfach niemand abnehmen.

Stellen Sie sich einmal vor, Fiat entschlösse sich, eine sozialere Kommunikation zu starten, beispielsweise zum Thema Drogenabhängige und deren Familien – und das sowohl in Italien als auch auf internationaler Ebene. Daß ein multinationaler Konzern einen Teil seines enormen Werbebudgets zur Durchführung einer Kampagne zu diesem wirklich bedeutenden Problem ausgibt, um die Öffentlichkeit bezüglich der Finanzierung von Methadon-Programmen zu informieren und damit zu sensibilisieren, würde eine Dynamik ohnegleichen in Gang setzen. Die Plakate und Fernsehspots würden endlich einmal echte Informationen und interessante Kampagnen anbieten, statt uns mit ihren unveränderten Klischees vollzuschwallen. Die Reputation von Fiat würde sich in der Folge deutlich verbessern. Kurz gesagt: Unternehmenswerbung könnte sowohl erziehen und emotional bewegen als auch Talente und Künstler fördern.

Heutzutage ähneln sich Autos immer mehr, einige Konstrukteure denken sogar daran, in Europa eine einzige Montagelinie für Motoren verschiedener Marken zu errichten. Wie ließe sich bei alledem Eigenständigkeit besser vermitteln als durch Zukunftsvision, Engagement, Stellungnahme und Kreativität?

LÜGE. Für Zehntausende von Dollar wird ein Super-Model in Szene gesetzt, um frischverliebten Friseusen ohne das nötige Kleingeld und schwärmerischen Sekretärinnen auf der ganzen Welt Parfüms zu verkaufen. Sie alle werden heiß gemacht auf einen unerreichbaren bürgerlichen Traum. Die Werbung verkauft keine Produkte oder Ideen, sondern ein verfälschtes und hypnotisierendes Glücksmodell. Das dazugehörige müßige und genießerische Ambiente ist die reine Lebensfreude entsprechend den idealisierten Normen reicher Konsumenten. Man muß die breite Öffentlichkeit mit einem Lebensmodell blenden, dessen gesellschaftliches Ansehen es verlangt, daß man Garderobe, Möbel, Fernseher, Auto, Haushaltsgeräte, Kinderspielzeug, einfach sämtliche Gebrauchsgegenstände so oft wie möglich erneuert. Und selbst dann, wenn es überhaupt nicht notwendig wäre. Die

Werbung läßt nicht locker und hämmert mit Jingles und Slogans immer wieder auf Sie ein: Tragen Sie die Uhr der Stars! Benutzen Sie den Raumspray mit Fichtennadelduft, und Sie werden Teil der gesellschaftlichen Elite, lernen das »wahre Leben« kennen, entdecken den »Geschmack des Essentiellen« und bleiben »young, rich and famous« – jung, reich und schön. Diese groben Vereinfachungen werden bis zum Erbrechen wiederholt. Schauen Sie sich den letzten Clip von Cartier an (1994) – man könnte meinen, die Werbung habe Gefallen daran gefunden, sich selbst zu parodieren. Da fehlt es wirklich an nichts: Der athletische Jüngling mit dem Waschbrettbauch, das anbetungswürdige Mädchen mit dem tief ausgeschnittenen Badeanzug, das schnelle Boot, das auf schäumenden Wogen dahingleitet, der sonnenumspielte, aber züchtige Kuß der beiden Idole. Da haben wir es wieder: So viel Geld verpulvert, um schon wieder die banale Wirkung »jung und reich« zu erzielen! Sehen Sie doch nur, wie sehr die euphorischen Coca-Cola-Filme – nach dem LNA-Bericht / Rom 1992 mit einem weltweiten Werbebudget von 798 Millionen Dollar finanziert – den fröhlichen Pepsi-Cola-Clips – 1992 Investitionen von mehr als einer Milliarde Dollar – gleichen, die ihrerseits nur Klone der Spots »Frische des Lebens« für Kaugummi der Marke Hollywood sind. Ach, wie gut das tut, 20 Jahre alt zu sein, mit Vierradantrieb ans Ende der Welt zu kurven, mit knackigen Mädchen ins schäumende Naß zu tauchen und dabei zähnebleckend zu grinsen!

Die Werbung geht unterschwellig auf unsere Wünsche ein, mit einem Universum, das uns vorgaukelt, Jugend, Gesundheit, Männlichkeit wie Weiblichkeit hingen einzig davon ab, was wir kaufen. Eine Welt des Lächelns, in der in heiteren Dialogen und dümmlichen Liedchen heimlich diese hinterhältigen Ratschläge mitschwingen: Du verlierst deine Haare, weil du nicht diese Lotion mit den außergewöhnlichen »Naturextrakten« verwendest, dein Zahnfleisch blutet und ist nicht »fest«, weil du die falsche Zahnpasta nimmst, du wirst keine Arbeit finden, wenn du nicht diesen Rasierapparat für Siegertypen und das dazu passende Notebook hast, du wirst häßlich und verpaßt das »wahre Leben«, das »Leben voller Leben«, »das authentische Leben«, »das Leben in vollen Zügen«, wenn du nicht diesen faden Magerkäse oder dieses schwarzgefärbte Zuckerwasser kaufst.

Verbrechen gegen die Intelligenz. Die Werbung empfiehlt uns eine Welt enthusiastischer Albernheiten, die in Zeiten der Wirtschafts- und Sinnkrisen mehr und mehr auf die Nerven geht. Das Publikum ist es leid, unnahbare Femmes fatales zu sehen, Wohnungen mit begrünten Terrassen, diese Welt der reichen Idioten. Es regt sich auf, wenn es ohne Unterlaß die gleichen Liedchen über die Freude am Leben vorgeträllert bekommt. Alle Erhebungen der Medienforschung und der Soziologie ergeben: Der Konsument wird zunehmend »reklamophob«, er zappt während der Spots weg, er überblättert die Werbeseiten der Zeitungen, und vor allem, er erinnert sich an nichts mehr – Werbung wird unsichtbar.

»Werbung verkauft Glück«, wiederholen all die großen Denker der Kommunikation, die Werbestrategen bei Young

& Rubicam oder McCann Erickson, die Theoretiker bei Euro-RSCG, einfach alle. Das Glück soll also verkauft werden? Ist es denn käuflich? Die Werbung hat schon viel zu lange auf dem Glück herumgekaut, sie führt nur dieses eine Wort im Mund, während die Krise sich verschärft und die Bevölkerung sich um ihre Zukunft sorgt:

*Das Glück, wenn ich will** (Club Med); *Das Leben ist schön* (Airwell); *Was für ein Glück!* (Panasonic); *Die Schachtel voller Glück* (Quality Street); *Das Glück in Ihrem Vorgarten* (Honda) und so glücklich weiter.

Heimliche Verführung. Die Werbung ist ein glitzerndes Spiegelkabinett. Indem sie uns immer wieder vorführt, wieviel Spaß es doch macht, glücklich wie die Blöden zu konsumieren, nimmt sie uns letztlich völlig den Appetit. Das Publikum, das schuftet und sich abquält, um über die Runden zu kommen, und das Angst hat vor Entlassung, Arbeitslosigkeit, Aids und Drogen, gelangt jeden Tag mehr zu der Überzeugung, daß es niemals so leben kann wie in der Werbung gezeigt. Das bringt es zunächst an den Rand der Verzweiflung. Dann aber versteht es, daß es von dieser Werbung, die zum Verkaufen gemacht wurde, in Wahrheit hochgenommen wird. Die Werbung weckt Wünsche, verführt den Einfaltspinsel, erfindet Bedürfnisse für ihn, läßt ihn sich schuldig fühlen. Sie entflammt uns mit bewährten Techniken. Sie kauft unsere Wünsche auf, wie man in der Politik Wählerstimmen kauft. Bedeutende Agenturchefs – Publicis, Saatchi and Saatchi Advertising, J. W. Thompson, Euro-

---

*Die Slogans, die in diesem Kapitel zitiert werden, stammen aus Frankreich, Italien und Deutschland.

RSCG und andere – geben dies in ihren Veröffentlichungen unverblümt zu: »Die Aufgabe der Werbung ist es, den Konsumenten zu seinen verborgenen Erwartungen hinzuführen. Indem sie diese aufdeckt, erschafft sie erst die Lust, den wahren Motor unserer hemmungslosen Konsumgesellschaft.« (Jacques Séguéla, Euro-RSCG).

Aber, Ihr werten großen Denker, wenn der Konsum hemmungslos ist, dann ist er dies auch deswegen, weil die Werbung das Publikum schon viel zu lange hinters Licht führt. Sie täuscht hinsichtlich der Ware. Sie heizt an, damit der hohe Preis gezahlt wird. Sie lügt.

Und sie kann auf Dauer nicht der entscheidenden Frage ausweichen: Warum sollte man in Zeiten knapper Ressourcen mehr konsumieren, wenn der gesunde Menschenverstand uns rät, die Schuhe nicht wie Socken zu wechseln? Die beunruhigte Öffentlichkeit sucht nach Qualität, nach Robustem und Haltbarem, und hat schon begriffen, wie hirnrissig der Konsum um jeden Preis ist.

Die Werbung muß ihre gesamte Kommunikation, ihre Philosophie und ihre Moral überdenken, ansonsten wird sie an ihrem eigenen Flitter ersticken. Der Kapitalismus muß sich den neuen Gegebenheiten anpassen: Die Konsumgesellschaft konsumiert nicht mehr.

Warum muß wohl eine Werbeagentur nach der anderen ihre Pforten schließen, weswegen fusionieren so viele oder gehen gar bankrott? Warum spricht man von einer weltweiten Krise der Werbebranche? Weil die Werbung sich nicht mehr erneuert; sie denkt nicht mehr nach.

VERHERRLICHUNG DER DUMMHEIT. In den achtziger Jahren, den Jahren des Kults um den Erfolg um jeden Preis, des schnellen Geldes und des »Looks«, den Jahren der »Siegertypen«, die in endlosen Fernsehsendungen vorgeführt wurden, in diesen Jahren überschwemmte die Werbung – immer dem Zeitgeist hinterherhechelnd und ihn ständig karikierend – die Zeitungen und elektronischen Medien mit Siegerszenen und entsprechenden Slogans. Überzeugen Sie sich selbst, wie lächerlich und verlogen das heutzutage klingt:

BNP, das heißt siegen; Kommen auch Sie zu denen, die siegen (Computer Center); *Das Profil der Sieger* (Goodyear); *Die Mode gehört dem Sieger* (Hom); *Die Technik, die siegt* (Michelin); *Geboren, um zu siegen* (NCR informatique); *Die Kraft zu siegen* (Sanyo); *Die Maschinen für den Sieg* (Sharp); *Ihr Geld interessiert mich* und so siegesgewiß weiter.

»Geboren, um zu siegen«! Zehn Jahre danach erscheint all dieses Gerenne nach dem Sieg, nach dem irren Geld, nach dem vergoldeten Erfolg, erscheinen all diese Spots voller Yuppies und Golden Boys angesichts der aktuellen Situation schlicht falsch und grotesk. Welch eine Dummheit und welch eine Mitläuferhaltung! Es hat in jenen Jahren Millionen eroberungslustige Kandidaten gegeben, die von der Werbung hypnotisiert waren. So wenige wurden auserwählt. Und wieviele betrogen?

AUSGRENZUNG UND RASSISMUS. In der NS-Propaganda liefen ebenfalls Kohorten von schönen blonden Epheben und Ephebinnen durch anmutige Landschaften und keimfreie Städte. Sie stürzten sich in heiteren Scharen lachend ins Wasser, jung, sportlich, gesund, muskulös … – glücklich. Die dreißiger Jahre gehörten dem Futurismus, der Mode, der Gymnastik, den Sportstätten und den Olympischen Spielen unter der Schirmherrschaft Hitlers. Die Nazis erfanden die Werbepropaganda (über arische Freuden) mit Filmen und Fotoserien, in denen ein Glücksgefühl nach Pfadfinderart verherrlicht wurde – Körper, nackt und wie gemeißelt, Schönheit in blond, Freude am Zusammensein, einfache, große Gefühle, Kult des Natürlichen und Wahren, wolkenloser Himmel, starke Autos. Und es galt, diesen idyllischen Bildern zu gleichen. Die Propaganda machte es sich zur Aufgabe, dieses Ideal überall zu verbreiten, sei es im Kino, in Zeitschriften, auf Plakaten, Flugblättern, ganz wie heute die Werbung. Ein finsteres grafisches Logo symbolisierte das gesamte faschistische Universum: das Hakenkreuz.

Und natürlich mußten sich all jene, die von diesem Modell abwichen, überflüssig fühlen: Juden und Gewerkschafter, diejenigen, die Gymnastik und Gemeinschaftsunternehmungen haßten, Zigeuner und Intellektuelle, Psychoanalytiker, Sozialisten, Pazifisten, etc. Im übrigen hat man ihnen genau das schnellstens klargemacht. Der gleiche Heile-Welt-Bilderbogen findet sich auch in der Propaganda aus der Blütezeit des Kommunismus wieder. In der UdSSR der dreißiger Jahre posieren lachende und kräftige Proletarier und Techniker in riesigen bauhauswürdigen Fabriken und umarmen sich männlich, um dann besser eine strahlende Zukunft aufbauen zu können, ähnlich der heutigen Werbung für Großbanken oder für Computertechnologie. Im kommunistischen China umgaben den großen Vorsitzenden Mao zu allen Gelegenheiten Mädchen mit blitzenden Zähnen und süßen Porzellanwangen, dumme Liedchen trällernd, auf sonnenbeschienenen Feldern tanzend und ohne Unterlaß lächelnd.

Eine solche selektive und rassistische Utopiewelt wird durch die Werbung fortgeführt. Suchen Sie doch einmal in der Werbung dieser Tage nach Armen, Zuwanderern, Unfallopfern, Aufständischen, Randalierern, Kleinwüchsigen, Verängstigten, Dicken, Spleenigen, Skeptikern, Arbeitslosen, Pickeligen, Drogenabhängigen, Stauopfern, Kranken, Ländern der Vierten Welt, Verrückten, gequälten Künstlern, Ausschweifenden, Schreihälsen, Herpeskranken, Provokateuren, großen sozialen Problemen, Krisen, Umweltkatastrophen, Jugendkrawallen und Isolation im Alter! All dies wurde durch Claudia Schiffer ersetzt, ein stummes Model, das besser bezahlt wird als die größten Schauspielerinnen der Kinogeschichte. Sie ist allgegenwärtig und verfolgt uns überall hin, einhellig präsentiert von allen Modejournalen und Damenblättchen. Warum ausgerechnet sie, diese große, asexuelle Blonde mit dem faden Lächeln, so aufregend wie ein Kühlschrank? Es geht dabei nicht um sie persönlich. Sie verkörpert die vollkommene arische Schönheit, gesund, rosig und rasiert, das Ideal des wundervollen Mädchens aus dem Norden, der weißen europäischen Schönheit, einer kühlen und wohlerzogenen Erotik, den Traum der Hitlerjugend!

VERBRECHEN GEGEN DEN INNEREN FRIEDEN. In ihrem Bemühen, uns das Glück zu verkaufen, erzeugt die Werbung letztendlich Heerscharen von Frustrierten. Indem sie vermehrt Wünsche weckt, die unerfüllt bleiben müssen, verfehlt sie ihr Ziel und schafft Deprimierte und Kriminelle.

Durch die ständige Verführung von morgens bis abends fühlen sich schließlich all jene, die sich abstrampeln, um einigermaßen über die Runden zu kommen, dabei nur geringe Gehälter oder das Existenzminimum verdienen und womöglich auf einem gefährdeten Arbeitsplatz sitzen, von der Gesellschaft zurückgewiesen. Und manche fühlen sich gar als Versager. Ihre Kinder bedrängen sie, doch diesen bunten Gameboy zu kaufen, ihre Frauen weinen, da sie nicht diese seidige Lotion mit Fruchtaroma besitzen oder jenen ewigwährenden Diamanten. Und so grämen sie sich gar bitterlich.

Die Werbung verkauft kein Glück, sie schafft vielmehr Depression und Angst, Wut und Frustration.

Sozialpsychologische Studien, die Ende der achtziger Jahre in Europa an Gymnasien und Fachoberschulen über das »Abstauben« durchgeführt wurden – Jacken, Schuhe, Jeans und ähnliches mehr werden nach Unterrichtsende auf dem Nachhauseweg geraubt –, haben ergeben, daß die Schüler nur ganz bestimmte Marken erpressen. In den jungen Köpfen der Schüler verspricht der Besitz dieses oder jenes heftig beworbenen Kleidungsstückes, sie zur Welt der Erwählten gehören zu lassen. Ohne diese Lederjacke im amerikanischen Stil, ohne jene verstellbaren Basketballstiefel ist man weg vom Fenster und dann: tschüß Leben! In ihnen nagt das Gefühl des Verstoßenseins und der Unzufriedenheit. Der einfache Junge fühlt sich vom erlauchten Kreis der Gymnasiasten, die »zählen« und die von den Mädchen beachtet werden, ausgeschlossen – fehlen ihm doch sowohl die äußeren Zeichen des Reichtums als auch der »Look«. Wenn dann die Eltern nicht die nötigen Mittel besitzen, überfallen die frustriertesten unter den Jugendlichen Mitschüler oder greifen andere an den Ausgängen schicker Elitegymnasien an. Oder aber sie werfen Schaufenster ein, um die Markenartikel zusammenzuraffen, die sie in Versuchung führen, wie dies während der Londoner Unruhen im Zuge der Einführung der »poll tax« unter Margaret Thatchers Regierung passiert ist, aber auch während der Schülerdemonstrationen in Frankreich 1993–1994 und während der Rassenunruhen in Los Angeles 1993 nach dem Rodney-King-Urteil. Laut *Le Point* und *La bibliothèque des Émeutes* (Paris) kam es 1994 in Frankreich, Spanien und Italien im Schnitt zu einem Krawall pro Woche, bei dem jedesmal Schaufenster zu Bruch gingen und die Symbole des Reichtums zerstört wurden.

Vor einigen Jahren hat in Norditalien ein junger Mann namens Pietro Maso seine Eltern umgebracht, um sich Luxusprodukte leisten zu können. Im Laufe des Prozesses stellte sich heraus, daß er 27 Herrendüfte auswendig herunterbeten konnte. Er gab an, genauestens zu wissen, welche Marken man tragen und welches Auto man fahren müßte, um Erfolg zu haben. Woher sollte er dieses Wissen haben, wenn nicht aus der Werbung? Maso erinnert an den Helden aus *American Psycho*, dem aufwühlenden Roman von Brett Easton Ellis, der von einem New Yorker Yuppie-Serienmörder erzählt, für den die ganze Welt nichts anderes als eine gigantische Schaufensterauslage ist, eine aufregende Werbung im Großformat.

VERBRECHEN GEGEN DIE SPRACHE. Sobald man sich Werbeslogans einmal näher anschaut, springen einem deren plumpe Tricks förmlich ins Auge. Platt. Sich wiederholend. Ärmlich. Verdummend. Es sind die immergleichen Rezepte, um ständig das gleiche aufzutischen. So gehört es zu jeder guten Werbung, die Qualität des Produktes anzupreisen, für das sie eintritt. Das ist ihre Besessenheit, am Produkt zu kleben. Habe ich »Qualität« gesagt? Unsere phantastischen »Kreativen« der Werbung – beachten Sie bitte, daß man »Kreative« sagt und nicht »Kreatoren« – deklinieren sogleich das Wort in allen Schattierungen. Mit ihren Holzhammermethoden dreschen sie ganze Wagenladungen von diesem Stroh:

Qualität zuerst (Hoover); *Die Qualität* (Amstrad); *Qualität, das ist das Leben* (Whirlpool); *Das Beste der Qualität* (Bekaert); *Qualität zum guten Preis* (Bauknecht); *Wir verteilen Qualität* (Casino); *Genießen Sie die Qualität* (Chambourcy); *Qualität sofort* (Daewoo); *Die Qualität geht zum Handeln über* (Ford); *Qualität, die sich von selbst versteht* (Kenwood); *Qualität ist immer in Mode* (Levis); *Qualität auf der ganzen Linie* (Nissan); *Die Leidenschaft der Qualität* (Volvo); *Qualität ist unser Rezept* (Dr. Oetker) und so qualitätsbewußt weiter.

Welch Einfallsreichtum! Doch für den Fall, daß wir noch immer nicht verstanden haben sollten, schlußfolgern unsere großen Erneuerer, daß eine Marke solche Qualität – jetzt aufgepaßt – nur dank ihrer unendlichen Erfahrung bieten kann. Sagte ich »Erfahrung«? Damit haben wir schon die zweite Wagenladung voller Slogans, die von unseren Agenturgenies eingeführt wurden:

Erfahrung und Innovation (Burroughs informatique); *Eine unersetzliche Erfahrung* (Canigou); *Erfahrung kann man nicht erfinden* (JVC); *Erfahrung in den Techniken von heute* (maison

Phénix); *Die elektrische Erfahrung* (Sauter); *Die Flugzeug-erfahrung* (PanAm) und so erfahren weiter.

VERBRECHEN GEGEN DIE KREATIVITÄT. Fahren wir fort mit diesem kleinen Werbehandbuch. An wen wendet sich wohl die Reklame für ein Qualitätsprodukt? Wie unschwer zu erraten, natürlich an Sie, liebe Konsumenten. Das ist einer der ältesten Aufhänger der Werbung, der noch aus der Epoche der guten alten Hausmittel stammt: Die Werbung sorgt sich um den, der kauft. Dabei kaut sie Ihnen immer wieder vor, daß sich die gesamte mühselige Konsumgüter-herstellung Ihren tiefsten Bedürfnissen anpaßt und Ihren geheimsten Wünschen entspricht. Sie richtet sich nicht an die breite Masse, sondern an die Einzelperson. Sie kaufen eigentlich gar nicht, vielmehr gehört das Produkt so gut wie zu Ihnen. Daß man dafür Geld ausgeben muß, wird zur reinen Formsache, da es schließlich »Sie« sind, die davon geträumt haben. Dieser plumpe Trick findet in allen Variationen Anwendung:

Ich habe davon geträumt, Sony hat es gemacht; Immer mit Ihnen (AGF); *Die Technik in Ihrer Nähe* (Brandt); *Mit Ihnen vor allem* (Burroughs); *Ihr Partner* (Crédit lyonnais); *Ihr guter Stern auf allen Straßen* (Mercedes Benz); *Das Auto. Dein Freund* (Daewoo); *Nahe bei Ihnen* (Havas voyages); *Immer mit Ihnen* (Hewlett Packard); *Und die Welt gehört Ihnen* (DER); *Wohin die Zukunft Sie auch führt, wir sind bei Ihnen* (digital); *Bei ARD und ZDF sitzen Sie in der ersten Reihe* und mit Ihnen so weiter.

Wenn wir uns auf diese drei großartigen, durch ihren Einfallsreichtum bestechenden Ausdrücke »Qualität«, »Erfahrung« und »Sie« beschränken, haben wir schon ein gutes Drittel aller Werbeslogans beisammen. Wenn man nun diese drei nach dem Zufallsprinzip kombiniert, kann man guten Gewissens einen ganzen Haufen zukünftiger Slogans vorhersagen, falls es sie nicht schon gibt:

Das Wissen um die Qualität; Die Qualität der Erfahrung; Die Erfahrung für Sie; Machen Sie Ihre Erfahrung; Für Sie die Qualität, für uns die Erfahrung; Die Qualität in Ihrer Nähe; Die Erfahrung der Qualität; Qualität, das sind Sie; Ihre Wünsche sind unsere Qualität; Sie, das sind wir!; Große Qualität und kleine Preise.

Geben Sie zu, daß sich Flauberts Bouvard und Pécuchet daneben wie Intelligenzbestien ausnehmen. Wenn Sie nun auf diese paar Schlüsselwörter die drei Rezepte anwenden, die von der großen Werbewissenschaft bemüht werden, haben Sie bald die Hälfte ihrer berühmten »konzeptionellen Kreativität«, dieser fast universellen »Base line« abgedeckt, die für alle Gelegenheiten gut ist. So gibt es den Kunstgriff, überall, wo es paßt, »mehr«, »besser« und »wahr« einzusetzen:

Arthur Martin gibt Ihnen mehr; Wenn man besser ist, ist man der Bessere (Atal); *Mit Sicherheit besser* (PaX); *Mit Sicherheit mehr Vergnügen* (Peugeot); *Für das Beste im Mann* (Gillette); *Einfacher ist einfach besser* (Siemens); *Nicht stärker aber besser* (Lord Ultra); *Ein Whisky, ein wahrer* (Johnny Walker); *Das einzig wahre Warsteiner* und so wahrheitsgetreu weiter.

Zudem gibt es den Kniff, gegensätzliche Ausdrücke zu verwenden:

Das kleinste der großen Vergnügen (Zucker); *Das größte der kleinen Gerichte* (Flodor); *Einfach riesig, der Kleine* (Peugeot); *So groß kann klein sein* (VW Polo); *Passive Sicherheit für aktive Fahrer* (Daewoo); *Reden wir über morgen. jetzt* (Die Chemische Industrie) und gegensätzlich so weiter.

Und dann noch der Knaller mit dem Wortspiel, basierend auf dem Produktnamen:

Fit, Topfit, Taxofit; Mann, ist der dick, Mann; Nogger Dir einen; Er kann. Sie kann. Nissan; Daewoo und Du; Van schon, denn schon (Peugeot Van).

HEMMUNGSLOSES AUSPLÜNDERN. Kaum daß ein großer Film erscheint, sich eine Geistesströmung durchsetzt, ein aktuelles Ereignis die Gemüter aufwühlt oder einem Künstler der Durchbruch gelingt, können Sie den Werbeschaffenden dabei zuschauen, wie sie sich überschlagen. Sie kopieren, adaptieren und saugen alles auf. Die Feministinnen sorgen in den Siebzigern für Wirbel? Sogleich befreit Moulinex die Frau. Anfang der achtziger Jahre wird Umweltbewußtsein zu einer politischen Kraft und macht in Europa und den USA von sich reden? Sämtliche internationale Werbespots füllen sich mit heiteren Tälern und begrünten Hügeln, Landhäuser tauchen zuhauf in den Clips von Versicherungsgesellschaften auf, und Chambourcy, Nestlé, Yoplait haben plötzlich Hunger auf Natur ... während die Vulkane und Gebirge der ganzen Welt die Jungbrunnen der Mineralwässer filtern, und selbst der Wald – allem sauren Regen und aller Abholzung zum Trotz – das »natürliche Retinol« der Antifältchencremes produziert. Denn schließlich gilt: »Wenn es der Natur egal ist, daß die Zeit vergeht, warum nicht auch Ihnen?«

Die Werbung hat sich darauf spezialisiert, Geistes- und Musikströmungen, Presse und Kino auszuplündern, indem sie sie auskocht und allen Inhalts beraubt. Wieviel Schrott muß man aufgrund einer Dim-Strumpf-Reklame über sich ergehen lassen, in der man wagemutig die Sitten verletzt und den Minirock lanciert? Wieviele schlechte Kopien? Spielberg hat *Jäger des verlorenen Schatzes* gedreht? Die Clips, die den Streifen mit Abenteurern aller Couleur und jeden Alters parodieren, hören gar nicht mehr auf. *9 ½ Wochen* bietet einige heiße Verführungsszenen? Schon werden sie für den Verkauf von Unterwäsche, Kaffee und allem anderen kopiert. Die meisten der berühmten Filmszenen bieten Stoff für unzählige Clips und Werbefotos. Die Werberegisseure, denen zu einer Zeit, da das Kino stirbt, Unsummen gezahlt werden, bedienen sich schamlos, übernehmen die gleichen Einstellungen, die gleichen Sets, den gesamten Stil bis hin zur Lichteinstellung. Eine berühmte prickelnde Szene mit den wilden Mädchen Russ Meyers, die in Shorts und Pullunder im Niemandsland stehen, wurde gestohlen und parodiert, um Autos, Eis oder Motorräder zu verkaufen. So hat der große Fotograf Elliot Erwitt gegen eine bekannte Brauerei geklagt, die sein berühmtes Foto plagiiert hatte, auf dem ein Windstoß die Bespannungen von Liegestühlen aufbläht. Kaum wagt ein Werberegisseur eine verwackelte Einstellung, ein unscharfes Bild – das ist heutzutage sehr modern, den Blick über Mädchen in Slips wandern zu lassen und wechselnd zu fokussieren, gleich der Perspektive eines Adlers im Gleitflug –, schon proklamieren die Werbeszene und die Medienzeitschriften ein neues Genie, um Kunden anzulocken und die Etats hochzutreiben.

Denn schließlich ist die Werbung eine Mafia.

Selbst die wenigen rühmlichen Erneuerer der Werbung, Fotografen und Regisseure wie Avedon, Ridley Scott, Jean-Paul Goude und andere, werden ihrerseits schleunigst von allen anderen kopiert. Das Image der französischen Kampagne »Un café nommé desir« verdankt Helmut Newton sehr viel. Und die Golf-Kampagne erinnert in ihrer Besorgnis um Aufrichtigkeit ohne falsche Versprechungen sehr stark an die Kampagnen des legendären Bill Bernbach für Coccinelle… die mittlerweile dreißig Jahre alt sind. Nichts Neues unter dem Spot! Die Kampagne »Perrier – der reine Wahnsinn« ist von Badoit abgekupfert. »Coca-Cola is it!« hat doch viel mit »Triumph ist es!« gemeinsam. Der Clip für American Express ist der Klon des Visa-Spots. »Das Vertrauen«, das uns Darty einflößt, ist das gleiche wie das der Goodyear-Reifen. »Vertrauen, ein Punkt ist alles«, erklärt Blaupunkt. »Ein Punkt ist alles!« wirbt Seven Up.

Und das Paradies läßt sich ebenso unter der Dusche wie im Flugzeug oder am Kiosk finden.

Ein Vorgeschmack aufs Paradies (Air Lanka); *Kleiner Vorgeschmack aufs Paradies* (Terramar); *made in paradise* (Renault Clio); *Paradies inbegriffen* (Tahiti douche) und so paradiesisch weiter.

Nicht nur Autos, sämtliche Produkte gleichen sich dieser Tage immer mehr. Zwischen den Frühstücksflocken verschiedener Marken gibt es kaum noch Unterschiede, genausowenig bei Fruchtjoghurts, Milchprodukten und Hacksteaks, noch weniger bei tiefgefrorenem Gemüse, Flüssigschuhcremes oder Camcordern. Wir leben im Zeitalter des

»me too product«, mit Waren gleichartiger Qualität, die sich ohne Unterlaß kopieren. Die Erzeuger und ihre Werbeschaffenden geben Millionen Dollar für Marktstudien, Zielgruppenanalysen, »focusgroups« und Testreihen aus, und am Ende gleichen sich alle Kampagnen wie ein Ei dem anderen: Avis und Hertz, ELF und Total, Ford und Opel... Gerade in ihrer Selbstdarstellung und ihren gesellschaftlichen und kreativen Einstellungen, in ihren Phantasien und Philosophien sollten sich Unternehmen voneinander unterscheiden. Doch statt dessen konkurrieren sie miteinander, indem sie die immergleichen verharmlosenden Register ziehen. Es ist zum aus der Haut fahren – sobald Sie den Fernseher einschalten: ein einziger fader Einheitsbrei.

Die Werbung ist ein parfümiertes Stück Aas. Von gerade Verstorbenen heißt es häufig: »Er hat sich gut gehalten, man könnte meinen, er lächle uns an.« Das Gleiche läßt sich von der Werbung sagen. Sie ist tot, aber sie lächelt beständig.

3
Die Queen
von Kopf bis Fuß schwarz

»Benetton macht mir Angst, in seiner Gesinnung wie in seiner Vorgehensweise. Ich boykottiere ihre Läden, und ehrlich gesagt habe ich überhaupt keine Lust, denen auch nur eine Zeile zu widmen.«

Françoise Giroud,
französische Publizistin und ehemalige
Sonderbeauftragte der *Condition féminine,*
in einem Brief an Chantal Michetti, Leiterin
des Museums für Zeitgenössische Kunst
in Lausanne.

Im Winter 1994 fuhr ich in den Gaza-Streifen, um in den Territorien des neuen und unabhängigen Palästina Fotos für den Benetton-Katalog zu machen. Ich beabsichtigte damit, den Gedanken, der den vorangegangenen Ausgaben Pate gestanden hatte, konsequent fortzusetzen: Menschen in Szene zu setzen, die von Mode nichts wissen – ähnlich den Einwohnern des Dorfes, in dem ich zur Zeit wohne –, Kleinstädter in den ehemaligen Ostblockländern oder der Türkei oder sogar Bauern eines kleines Dorfes in der Mandschurei. Nun wollte ich die Gesichter derer zeigen, über deren Existenz alle Welt verlegen schweigt. Heute sind das die Palästinenser. Morgen die Nordkoreaner, die Indianer, die Jemeniten oder die Zigeuner. Sämtliche vergessenen Völker.

Als ich mit Kleidern und Kameras in Tel Aviv eintraf, mußte ich Genehmigungen für die Fahrt ins Gaza-Gebiet einholen. Einige Israelis zeigten sich neidisch und unzufrieden damit, daß ich ausgerechnet Palästinenser fotografieren wollte. Als ich ihnen meinen Standpunkt erklärte, Palästinenser seien doch die Juden von heute – ohne Land und in der Diaspora verstreut –, entwickelte sich ein Gespräch. Es zeigte sich, daß viele von ihnen, und vor allem die jüngeren, pazifistisch eingestellt waren und letztlich nichts gegen mein Vorhaben einzuwenden hatten.

Im Gaza-Streifen trafen wir Arafats Frau und besuchten ihr Waisenhaus. Fünfzig Kinder lebten dort, Söhne und Töchter von Palästinensern, die im Kampf oder bei den Massakern von Sabra und Shatila getötet wurden. (Benetton sollte in den folgenden Tagen eine Spende überreichen.) Wir sprachen lange mit Frau Arafat über unser Anliegen: Wir wollten die Leute von der Straße fotografieren, souveräne Bürger eines endlich anerkannten Landes. Das war für mich der entscheidende Aspekt: Palästina als ein ganz normales Land zu zeigen. Ähnlich Reportern auf Recherchereise haben wir uns überall umgesehen. Dabei wurden wir mehrmals von der Hamas und religiösen Extremisten gestört, die uns mit ihren Kalaschnikows umzingelten und nicht verstehen konnten, wer oder was wir waren. (Am folgenden Tag wurde eine große Kundgebung organisiert, um Yassir Arafat zu zwingen, die von der palästinensischen Polizei verhafteten Mitstreiter der Hamas-Bewegung freizulassen.) Ich erklärte überall, Alltagsszenen fotografieren zu wollen, die den Frieden unterstützen – nicht den Krieg oder die Intifada. Die Leute waren stolz, Modell zu stehen. Auf den Fotos blicken dem Betrachter alle Gesichter gerade in die Augen, einerlei ob Straßenkinder, anrührende Großmütter, abgearbeitete Frauen, belustigte Mädchen oder die erste Fußballnationalmannschaft – hochmütig und selbstsicher. Ich machte diese Fotos, als ob es um eine Chronik des neuen Palästina ginge, eine Porträtgalerie der Leute von der Straße, die diesem historischen Ereignis, der Anerkennung Palästinas, allein durch ihre Gegenwart und ihren Lebenswillen Gewicht verliehen.

Mehrere europäische Zeitungen veröffentlichten die

Aufnahmen in ihren Magazinteilen als Foto-Reportagen. Warum sollte ein Modekatalog nicht auch ein Zeugnis der Hoffnung und des Widerstandes eines Volkes sein können? Die Werbung ist ein Angebot an die Öffentlichkeit. Sie sollte die Kunst der Straße, Schmuck und Kleid unserer Städte sein. Die Werbung könnte zum verspielten, phantasiereichen und auch provokanten Teil der Presse werden. Sie könnte sämtliche Kategorien der Kreativität und der Vorstellungskraft, der Dokumentation und der Reportage, der Ironie und der Provokation ausloten. Sie könnte zu verschiedensten Themen informieren, humanen Zielen dienen, Künstler präsentieren, große Entdeckungen vorstellen, das Publikum erziehen, nützlich, avantgardistisch sein. Doch welche Vergeudung!

Während der Vorbereitungen zu Malcolm X *verteidigt Spike Lee die Plakate* »United Colors«

Seit zehn Jahren mischen die Kampagnen von Benetton Themen und Genres, etwa aktuelle Fotos zum Zeitgeschehen, Antirassismus und Umkehrung von Klischees, und sie verwirren die Werbewelt mit Bildern, die noch nie auf solchen Werbeträgern verwandt worden sind, fordern politische und moralische Reaktionen der Öffentlichkeit heraus, akzentuiert wie Leitartikel oder Sozialkritik. Sie funktionieren wie eine riesige Straßenzeitung, eine Wandzeitung, die unsere Tabus und Ängste in Frage stellt und spontane Diskussionen auslöst – einzig und allein durch die Konfrontation mit einem Bild. Diese Werbung gleicht keiner anderen, und das ist wohl der Grund, weshalb viele sie als skandalös empfinden: Sie bricht mit unseren Gewohnheiten. Sie stellt die gesamte Werbung in Frage. Aber lassen Sie mich erzählen …

Das erste Plakat, das eine weltweite polemische Debatte auslöste, zeigte ein weißes Baby in den Armen einer schwarzen Frau, die das Kind wiegt und stillt. Ein zartes Bild. Warum dieses Foto? Sie werden zunächst das Fehlen eines Zusammenhangs zwischen dem Produkt – Benetton-Kleidung – und dem Motiv feststellen. Mit diesem Plakat mache ich keine Werbung im klassischen Sinn. Ich verkaufe keine Pullover. Diese sind von guter Qualität, werden in allen Farben in siebentausend Boutiquen auf der ganzen Welt verkauft und sprechen somit für sich. Ich versuche nicht, das Publikum zum Kauf zu überreden – es zu hypnotisieren –, sondern mit ihm über ein philosophisches Konzept, in diesem Fall dem der Rassenmischung, in Dialog zu treten. Die Kampagne basiert auf dem Markenmotto »United Colors« (das bald Teil des neuen Namens von Benetton werden sollte): Sie benutzt dieses als Vehikel, um eine antirassistische, kosmopolitische und tabulose Geisteshaltung bis in die hintersten Winkel gerade der Länder zu tragen, in denen der Rassismus besonders ausgeprägt ist, wie Südafrika oder die Vereinigten Staaten. Sie macht aus einem Werbeslogan eine humanistische Haltung. Sie unterstreicht Benettons fortschrittliche Einstellung und entwickelt ein philosophisches Markenimage jenseits des Konsums.

Diese Kampagne wurde international sehr gut aufgenommen und gewann mehrere Preise – mit Ausnahme der

USA, wo schwarze Minderheitsbewegungen sie als rassistisch einstuften. Sie glaubten, das Plakat würde das alte kolonialistische Klischee vom weißen Kind und der schwarzen Amme aufrechterhalten. Es ist schon merkwürdig, daß solche politischen Köpfe nicht in der Lage sind, sich außerhalb alter Denkgewohnheiten zu bewegen, sondern lediglich einen Rassismus mit umgekehrtem Vorzeichen betreiben. Spike Lee, unter anderem Regisseur von *Malcolm X*, äußerte sich einige Wochen nach Erscheinen der Anzeige im Magazin *Rolling Stone* dazu:

»Arbeitsplätze, Drogen, Verbrechen, Aids, Krieg, Rassismus, Erziehung, Obdachlose, Umweltverschmutzung, das sind die großen Probleme von heute, bei denen man die Initiative ergreifen muß. [...] Und hier sind die Verantwortlichen bei Benetton den anderen ein gutes Stück voraus. Über ihre Beweggründe gebe ich mich allerdings keinerlei Illusionen hin. Benetton will Kohle machen, genau wie alle anderen Unternehmen. Schließlich wollen wir das alle, aber es macht doch einen Unterschied, welcher Weg dabei eingeschlagen wird. Jeder weiß, daß der schnellste Weg, um mit Kino, Musik oder Werbung Geld zu machen, nun einmal Sex ist. Und oft wird nur das allereinfachste Mittel gewählt. Will man ein Album oder einen Film verkaufen, so muß man nur ein hübsches Mädchen mit hübschen Titten und einem schönen Arsch nehmen. Das reicht. Dieser Weg ist genauso verstopft wie die Franklin-Delano-Roosevelt-Avenue zur Stoßzeit.

Abseits des Highways ist es riskanter. Warum? Weil wir dann zum Denken gezwungen werden. Wenn's nur stark und provozierend genug ist, bleiben die Leute stehen, um über die Aussage zu diskutieren. Sicher, das erfordert mehr Kreativität. Als ich das erste Mal eine Benetton-Reklame sah, wußte ich nicht, was die verkaufen wollten. Das war noch bevor man in Manhattan Benetton-Boutiquen buchstäblich an jeder Straßenecke fand (hoffentlich kann mir das jemand eines Tages mal erklären). Wie auch immer, das Plakat beeindruckte mich. Sollte gute Werbung nicht so funktionieren?«

Auf der anderen Seite wurde im Südafrika der Apartheid die Anzeige des weißen Kindes mit der schwarzen Frau von der Werbeträgerindustrie boykottiert. Zu antirassistisch!

»United Colors« und die Apartheid

Die Geschichte von Benetton in Südafrika ist es wert, erzählt zu werden. Seit unseren ersten »United Colors«-Kampagnen gab sich unser dortiger Agent sehr reserviert. Wie übrigens auch der Agent in New York, der uns immer wieder einhämmerte: »Vor allen Dingen keine schwarzen Models für die Anzeigen, nehmt hellhäutige Mädchen!« Als der südafrikanische Agent wegen der neuen Anzeigen bei Luciano Benetton protestierte, erwiderte dieser: »Tut mir leid, wir tauschen keine Fotos aus, das ist Ihr Problem, nicht unseres. Die Apartheid wird eines Tages schon verschwinden!«

Zehn Jahre später, als die Apartheid abgeschafft und Nelson Mandela zum Präsidenten gewählt worden war, wurden Luciano Benetton und ich in das Land am Kap eingeladen. Unsere Anzeigen hatten beim antirassistisch eingestellten Publikum Eindruck gemacht, und Mandela wollte uns treffen. Leider war uns diese Reise nicht möglich, doch Luciano schickte Geld, um das Market Theater in Johannesburg zu unterstützen, das für seine Aufführungen gegen die Diskriminierung von Schwarzen bekannt ist. Erst kürzlich bat uns das *National Medical Research Council* von Kapstadt um einen Satz Plakate meiner Aufnahme der vielen bunten Präservative, um eine Aids-Aufklärungskampagne zu starten. Wir lieferten die Plakate und sorgten auch für die Plakatierung. In Südafrika ist das Benetton-Image niemals negativ gewesen. Jedem sein Gefecht.

Mailand: Die sozialistische Rathausmehrheit verbietet das Plakat der nackten Kleinkinder

1990: Neue Kampagne zum Thema Rassendiskriminierung, das mich zu jener Zeit, als Rechtsextremismus und Intoleranz überall wieder aufflammten, sehr stark beschäftigte. Zwei nackte Kleinkinder, eines schwarz, eines weiß, jedes auf seinem Töpfchen, spielen miteinander. Die Resonanz war großartig. In den USA erhielt dieses Motiv den Andy Award of Excellence. Nun leistete Mailand Widerstand, die sozialistische Rathausmehrheit verbat das Anbringen der Plakate. Im selben Jahr realisierte ich eine Kampagne mit einer winzigen schwarzen Kinderhand, die sich in die große Hand eines weißen Erwachsenen preßt. Wir haben diese Aufnahme in Südafrika auf 6 x 3 Meter großen Plakatwänden genau zu jener Zeit herausgebracht, als die Schlacht um das Referendum zur Abschaffung der Apartheid tobte.

Nach dieser Kampagne hatte ich eines verstanden: jedem das Seine, entsprechend seinen Vorurteilen und Interpretationen. Vorverurteilungen gibt es in jedem Land, in Paris wie in Tokio, Los Angeles oder Johannesburg, in jeder Kultur und Subkultur, abhängig von Erziehung, Religion und Zwangsvorstellungen. In meiner Werbung möchte ich mit der Öffentlichkeit über die Macht des Klischees und über Gemeinplätze kommunizieren (schließlich ist die Werbung voll davon). Über Fügsamkeit und Freiheit des Geistes. Über Toleranz. Warum verharren bloß die meisten in ihrer ersten Reaktion, der rassistischen oder antirassistischen Tabuisierung? Warum sollte Werbung nicht, wie die Kunst oder die Medien, eine Spielwiese der Philosophie, ein Emotionskatalysator, ein Forum für Streit und Polemik sein? Ich war zweifellos derjenige, der von den gewaltigen Reaktionen und von der Kraft der rassistischen Klischees am meisten überrascht wurde. Daraufhin erkannte ich aber, daß das Spiel mit Stereotypen eine großartige Möglichkeit bietet, mit anerzogenen und hingenommenen Meinungen aufzuräumen.

Ich nutzte diesen Schwung und veröffentlichte eine Fotoserie, die alle vorgefaßten Meinungen zu Hautfarben durcheinanderbrachte: die Großaufnahme von Handschellen, die ein weißes an ein schwarzes Handgelenk fesseln – nun, wer ist der Kriminelle? (Frau Thatcher ließ die Plakate beschlagnahmen) –, eine Reihe Pinocchios aus hellen und dunklen Hölzern, zwei von schwarzem Staub bedeckte Bergarbeiter – denn Arbeit macht alle gleich, unabhängig von der Hautfarbe. Finanziert durch das Werbebudget von Benetton gaben wir Ende 1990 die Zeitschrift *Colors* heraus, Werkstattbericht und internationales Magazin in einem, die in sechs Sprachen und in achthunderttausend Exemplaren veröffentlicht wird. Hier arbeiten Designer, Fotografen und Journalisten gemeinsam an einem Projekt über die Schrift des Visuellen. Ein solcher Schritt war naheliegend, denn durch Bereicherung der Philosophie und Vertiefung der großen Themen führte *Colors* die Wirkung des Leitcharakters der Kampagnen fort. In der 4. Nummer schufen wir mittels Computergrafik eine von Kopf bis Fuß schwarze englische Queen, dazu Papst Johannes Paul II. mit asiatischem Einschlag, einen gebleichten und zart rosigen Michael Jackson sowie einen Arnold Schwarzenegger als Mike Tyson-Verschnitt. Sämtliche Bilder rufen unsere Vorurteile wach und erschüttern sie gleichzeitig. Sie widerlegen die Rassenideologie, indem sie Farbvarianten innerhalb ein- und desselben Volkes betonen, gemischte Liebe zeigen und die nackten Körper ungeachtet ihrer Hautfarbe nebeneinander stellen.

Zum Ausbruch des Golfkrieges veröffentlichen wir
großformatige Friedhofsaufnahmen

Nach dieser Serie war unübersehbar, daß die Öffentlichkeit auf jede neue Benetton-Kampagne wie auf ein fotografisches Feuilleton wartete. Die Werbefläche wurde ein lebendiges Medium, eine Fortsetzungschronik, ein Leitartikel in Bildform. Wie sollte es weitergehen?

Im Sommer 1990, einige Wochen vor Ausbruch des Golfkrieges, trafen wir uns mit Luciano Benetton, um über künftige Aktionen zu sprechen, und dabei sagte er zu mir: »Oliviero, möchtest Du nicht etwas zu dem kommenden Krieg machen? Ich fühle mich bei dem Ganzen nicht sehr wohl …«

Denken Sie zurück. Der angekündigte Krieg spaltete das Gewissen aller. Sollte der Westen eingreifen, auch auf das Risiko hin, in ein fatales Räderwerk zu geraten? Sollte man sich wegen Erdöl umbringen? Oder sollte man Saddam Hussein ungestraft davonkommen lassen? Wie viele andere Menschen auch fühlte ich mich heillos verloren. Doch Luciano insistierte: »Oliviero, wie zu der Rassendiskriminierung sollten wir auch hier unseren Standpunkt zeigen …«

Und damit ließ er mich allein. Ich dachte darüber nach und erinnerte mich an mein erstes Bild vom Krieg aus dem Jahr 1948. Ich war gerade 6 Jahre alt und ging mit meinem Vater, einem Pressefotografen des *Corriere della Sera,* zu einer offiziellen Totenfeier auf einem Soldatenfriedhof. Ein riesiges Gelände voller Kreuze – und all diese Toten! An jenem Tag, so klein ich war, verstand ich die Absurdität des Krieges. Und so beschloß ich, dieses Gefühl auf einem Foto erneut heraufzubeschwören.

Ich fuhr zum berühmten Chemin des Dames in der Nähe von Paris. Man fühlt sich dort wie in einem Supermarkt der Ehrengräber. Es finden sich Kreuze aller Länder, Symbole aller Religionen, schwarze Kreuze der Deutschen, weiße Kreuze der Franzosen. Ich wanderte von einem Teil des Friedhofs zum anderen. Es war erschreckend, keiner der Soldaten war älter als 25. Schließlich machte ich das Foto einer langen Flucht von weißen Kreuzen auf grünem Rasen.

Ein klares, überzeugendes Bild. Später sollte ich bemerken, daß ein Davidsstern zwischen den christlichen Kreuzen stand. Viele glaubten, ich hätte ihn nachträglich hineinkopiert.

An dem Tag, an dem der Krieg zwischen dem Irak und den Allierten ausbrach, ließen wir den Friedhof auf Doppelseiten im *Corriere della Sera* und im *Sole 24 Ore* veröffentlichen. Für mich wie auch für Luciano war dies ein Weg, an die Sinnlosigkeit des Krieges zu erinnern, eine Friedensbotschaft: Alle Kriege enden auf Friedhöfen.

Wieder einmal erstaunten mich die ablehnenden Reaktionen. Die große deutsche Wochenzeitschrift *Stern* weigerte sich, die Anzeige zu drucken, kurz darauf die fortschrittliche *Libération* aus Frankreich ebenso. Dann revidierte der *Stern* seine Meinung und publizierte uns doch. Nun lehnten uns die italienischen Zeitungen ab. Leitartikler protestierten in Blättern der Linken, der extremen Rechten und auch in denen der Kirche. Es war das erste Mal, daß das Argument von der obligatorischen Unparteilichkeit der Werbung auftauchte: Diese sollte nicht über Krieg, Frieden oder Tod sprechen – darüber waren sich alle einig! Friedhöfe in einer Werbung zeigen, das heißt, den Tod für den Kommerz auszubeuten, das ist unmoralisch und zynisch! Für diese Schöngeister darf Werbung kein realistisches und polemisches Medium sein und ist zur Inhaltslosigkeit verdammt. Ich kann verstehen, daß mein Friedhof verstört. Wenn man in den Krieg zieht, hat man sich im voraus einen Platz auf dem Friedhof reserviert, genauso wie man – um sicher zu gehen – sein Häuschen für die Ferien frühzeitig anmietet. Das ist keine Sache, an die man in Kriegszeiten erinnern sollte. Zudem weht auf meinem Friedhof keine Flagge, keine Nationalität wird hervorgehoben. Was ich zeige, sind keine Helden, die für das Vaterland gestorben sind, sondern einfach nur Tote, geopferte Menschen.

Klischees sind hartnäckig. Wir schreiben bald das Jahr 2000, und es ist immer noch verboten und somit gefährlich, an der Flagge eines Landes zu rühren oder an der Idee vom Vaterland und der Nation. Schon 1985 tauchte das amerikanische Sternenbanner in einem meiner Fotos auf. Das war ein Skandal, denn jegliche nicht offizielle Verwendung der Flagge war in den USA verboten. Das wußte ich nicht, so wie ich häufig aus reiner Unwissenheit provoziere. Ich protestierte gegen dieses Verbot, und darauf folgte eine Pressedebatte, die immer schärfer geführt wurde. Letztendlich wurde diese veraltete Vorschrift abgeschafft, und das Gesetz war gesprengt.

Jede Gesellschaft bewahrt sich die Klischees, die sie verdient.

Die Welt gerät vor einem Neugeborenen in Panik

Anfang 1991, neue Benetton-Kampagne. Man hatte mir so häufig vorgeworfen, den Tod und den Krieg auszubeuten, um Pullover zu verkaufen, daß ich an ein genau entgegengesetztes Motiv denken mußte. Ich nahm ein nacktes, blutbeschmiertes Neugeborenes auf, das noch durch die Nabelschnur mit seiner Mutter verbunden ist. Mitten im Golfkrieg, in diesen unruhigen und krisengeschüttelten Zeiten, sah ich darin ein Bild der Hoffnung. Das Leben geht weiter

– trotz der allgemeinen Depression. Und ich bildete mir ein, diesmal ein unzensierbares Bild abgeliefert zu haben. Aber es kam noch schlimmer. Ich wurde von einem Großteil der europäischen Presse angegriffen, die in Italien, Frankreich und Großbritannien bis hin zu den sich selbst als avantgardistisch bezeichnenden Zeitungen das Foto ablehnte. In Sizilien ließ der Bürgermeister von Palermo die Plakate einstampfen. In einer Stadt, in der die Mafia täglich Menschen umbringt, stellt das Bild eines Neugeborenen zweifellos eine Provokation dar!

Zur gleichen Zeit wurde die Kampagne in den Medien aller Länder kommentiert. Viele erhoben ihre Stimme gegen die »neue Provokation von Toscani«. Anstelle einer modernen Version der »Nativité«, wie man in Frankreich das Motiv der Geburt Christi nennt, bevorzugen die schärfsten Kritiker demnach lieber Fernsehreklame mit pausbäckigen Babys, denen man dümmliche Slogans in den Mund legt, um sie Windelhöschen verkaufen zu lassen! Es scheint mir unfaßbar. Wenn ein Maler wie Bacon heute Werbung machen würde, er müßte sich dafür zusammenschlagen lassen. Das scheint Ihnen zu gewalttätig, zu provokant? Daß Kunst und Wirklichkeit in die Werbung einbrechen, ist genau der Punkt, der damals so viel Unmut auslöste. Heute haben sich Publikum wie Kritiker daran gewöhnt und haben akzeptiert, über den Sinn meiner Konzepte zu diskutieren. Und ich glaube, sie verstehen ihn besser. Die letzten, die sich weiterhin mit wilder und dogmatischer Gewalt widersetzen, sind die Werbeschaffenden selbst. Deren Lieblingsargumente lauten dabei: Die Werbung muß zum Träumen anregen, nicht zum Denken, »wehe dem, der anfängt, darüber zu diskutieren« (Jacques Séguéla). Schauen wir einmal genau hin. Innerhalb weniger Jahre wurde United Colors of Benetton durch eine originelle Kommunikation auf internationaler Ebene bekannter als jede andere Prêt-à-porter-Marke. 1994 wurden länderübergreifende Studien zum Bekanntheitsgrad von Markennamen durchgeführt: In Sachen Wiedererkennungswert schlägt United Colors of Benetton mittlerweile Chanel und ist in die Spitzengruppe der fünf weltweit bekanntesten Marken aufgerückt.

Auf der Straße: 4 x 3 Meter große Reportagefotos

Nach der Aufnahme des Neugeborenen begann ich, Reportagefotos der Agenturen Magnum, Sygma und anderer zu verwenden. Wenn schon das Einbrechen einer polemischen Haltung in die Werbewelt so überraschend war, dann wollte ich nun dort Realität hineinbringen. Ich ging die Bilder der größten Reporter durch, habe Tausende angesehen und sieben ausgewählt. Diese waren vor Ort von Journalisten aufgenommen worden, die gleichzeitig Künstler sind, moderne Goyas, so wie Goya auch Reporter war, als er in seinem berühmten Gemälde *El dos de mayo* eine Erschießung während des französisch-spanischen Krieges festhielt. Wer wollte mir nun noch vorwerfen, mit willkürlich entstandenen Bildern zu provozieren?

Sie erinnern sich bestimmt an die 4 x 3 und 6 x 3 Meter großen Plakatwände, die 1993 und 1994 in allen Städten der Welt hingen und die ausgewählten Reportagefotos mit dem

Logo »United Colors of Benetton« zeigten. Ein schwarzer Soldat, das Gewehr umgehängt, in kerzengerader Haltung, wie gestern noch Korporäle der englischen Kolonialherren – nur daß er hinter dem Rücken statt einer Gerte oder eines Galadegens einen menschlichen Oberschenkelknochen hält. Eine schwarzgekleidete Frau beweint ihren Sohn, der von der Mafia in Sizilien getötet wurde; alles Leben scheint aus dem Mann regelrecht in die Blutlache geflossen zu sein. Ein ölverklebter Seevogel schwimmt einfach weiter, in der gleichen Haltung aller Seevögel auf der Welt. Ein Schiff bricht unter Flüchtlingen auseinander, Menschen hängen an der Reling, haben in ihrem unbedingten Willen zur Flucht sogar die Schornsteine besetzt. Ein Aidskranker im Endstadium seiner Krankheit wird von seinem Vater bis zum letzten Atemzug begleitet.

Indem ich diese Motive an die Hauswände brachte, wollte ich diesen modernen Ikonen ihre ganze Kraft wiedergeben, die Werbefläche in eine riesige Ausstellung von Nachrichtenfotos verwandeln. Nie zuvor haben wir solche Fotos in dieser Größe gesehen, zu Hause um die Ecke, auf der Straße, in der U-Bahn.

Die Werbeschaffenden schrien Zeter und Mordio. Sie erklärten zähnefletschend, diese Plakate seien entwürdigend, sie beschmutzten den Platz, der der Werbung vorbehalten sei, widersprächen ihrem Berufsethos, und noch tausend andere empörte Dummheiten mehr. Aber wer hat beschlossen, daß Werbung keine starken Bilder zeigen dürfe? Welcher Kunstdiktator hat ein für alle Mal die Regeln für sie festgelegt, wer hat entschieden, was sie darf und was nicht? Mit dieser Kampagne brach die Wirklichkeit erstmalig und mächtig in deren vollklimatisiertes Universum ein. Zum ersten Mal nutzte die Werbung ein paar Quadratmeter ihrer gigantischen Fläche, um der Öffentlichkeit Aktualität in ihren extremen Bildern zu vermitteln, mit einer Schlagkraft, die tausendmal stärker war als die aller Nachrichtenmagazine zusammen. Auf der Straße. Für die ganze Welt.

Warum erheben sich die Werbeschaffenden und plärren etwas von Freveltat? Sie haben Angst. Diese ausgezeichneten und unerbittlichen Fotos decken die betäubende Abgeschmacktheit der heutigen Werbung auf, das Fehlen von Kraft und Stil. Sie ertragen es nicht, daß man ihre gelackte und kodierte Welt erschüttert, just so, wie einst die Mitglieder der Akademie und die Konservativen gegen die »Exzesse und die Provokationen« der Impressionisten oder der Kubisten protestierten und sie der Verunglimpfung der Malerei beschuldigten. Der Fotoreporter Patrick Robert, von dem zwei Fotos für die Plakate stammen, antwortete auf diese Kritiken in einem Gespräch, das anläßlich einer Retrospektive meiner Benetton-Kampagnen im Museum für Zeitgenössische Kunst in Lausanne veröffentlicht wurde:
»Benetton hat eine andere Domäne der Werbung betreten, sie haben die Produktvorstellung hinter sich gelassen, um eine Markenphilosophie zu verkaufen. […] Wir haben keine klassische Werbekampagnen vor uns über Träume, Illusionen, das Unwirkliche, das Oberflächliche. Toscani spricht von der wirklichen Welt, von der Welt von heute. Prompt wird er der Aggression bezichtigt… Man wirft uns, den Reportern, den Fotografen des Tagesgeschehens, das

Elend und die Gewalt in der Welt vor, als ob wir dafür verantwortlich wären. Unser Ziel ist es, gegen die Gleichgültigkeit anzukämpfen. [...] Das Fehlen eines erklärenden Untertitels zu meinen Fotografien stört mich nicht, da diese Bilder für sich sprechen ... Wenn der Passant auf der Straße das Bild des Mannes mit dem Oberschenkelknochen entdeckt ... wird [er] sofort von der darin enthaltenen Gewalt getroffen, der mangelnden Achtung vor Menschenleben oder auch nur der Totenruhe. Die Botschaft ist klar: Vergiß nicht, daß es irgendwo auf der Welt, in unseren Tagen, auch das hier gibt.«

Das Foto eines sterbenden Aidskranken als moderne Pietà

Die Werbung ist neutral, leer, belanglos. Buntes Papier. Zum Wegzappen gut. Man könnte meinen, man nehme mit den vergrößerten Reportagefotos Werbung zum ersten Mal wahr. Man entdeckt sie neu und versteht, wie allgegenwärtig, aber unsichtbar sie ist. Der Zusammenprall einer aktuellen Aufnahme mit dem süßlichen Singsang der Werbung löst schlagartig Nachdenken aus, die Passivität bricht auf. Das Reportagefoto erhält sein gesamtes emotionelles Potential zurück. Wenn es in einem Nachrichtenmagazin inmitten Hunderter anderer Bilder veröffentlicht wird, verliert es seine Sprengkraft. In Hauswandgröße an einer Bushaltestelle, isoliert und aus seiner gewohnten Umgebung herausgerissen, erlangt es seine Kraft wieder. Die Kreuzung von Genres erneuert stets die Kreativität und rüttelt unsere intellektuellen Gewohnheiten auf. Warum sollte ein Foto,

das in einem Magazin oder einer Zeitung Bewunderung auslöst, plötzlich unerträglich sein, wenn es in Städten plaka-
tiert wird? Schuster, bleib bei Deinen Leisten, und immer,
immer wieder geht die Sonne auf? Wir sollen in Schubladen
denken, Bilder und Ideen ein für alle Mal klassifizieren? Das
wäre fürchterlich, schizophren und gegen jeden schöpferischen Geist – der Triumph der Borniertheit, geistige Ein-
bahnstraße.

Das Plakat, das damals nach Meinung der Kritiker am meisten schockierte, erscheint mir als das stärkste und bewe-
gendste. Wahrhaftig eine Pietà. Ich spreche von Thérèse
Frares Fotografie des David Kirby, dem sterbenden Aidskranken, der von seinem Vater im Arm gehalten wird. Ich
kenne nur wenige Bilder von ähnlicher Intensität. Ich ließ es
in der ganzen Welt plakatieren, um gegen die Ausgrenzung
von Aidskranken zu kämpfen. Ohne Untertitel und kom-
mentarlos, um es nicht abzuschwächen oder abzumildern:
Sondern um zu zeigen, daß ein Kranker im Kreise seiner
Familie sterben kann, in den Armen seiner Eltern und
Verwandten, ohne sie anzustecken, bis zum letzten Atemzug
begleitet und nicht armselig wie ein Köter. Und als Beleg
dafür, daß der einsame Tod der Aidskranken, die damals wie
Aussätzige behandelt und in Sterbehäuser abgeschoben
wurden, nicht als schicksalsgegeben hingenommen werden
muß.

Von neuem erhob sich ein weltweiter Sturm der Entrüstung.
Aber auch der Kontroversen und der Faszination. Wie
gewöhnlich behandelten mich gut dreiviertel der kleinen

Medien- und Werbetheoretiker als zynischen Provokateur, wenn nicht gar als verlogenen Drecksack. Jetzt spielt er, so sagten sie, mit der Krankheit, dem Leiden, dem absolutem Elend, um Pullover zu verkaufen. Ich spielte? Nein, ich kämpfte. Damals weigerte man sich allgemein, in Aids-Aufklärungskampagnen auch die Kranken zu zeigen. Die Experten bekamen graue Haare auf der Suche nach den passenden Argumenten, die die Öffentlichkeit vom Kondom überzeugen sollten. Und mir warf man vor, diese Aufnahme weltweit plakatieren zu lassen, die nackte Realität zu zeigen – und dazu noch in ihrer ganzen Zärtlichkeit! Anhand eines der anrührendsten Fotos dieses Jahrzehnts.

4

Kleine Reise
durch die Welt der Vorurteile

»Die Werbung ist vereinfachend, manchmal allzu platt,
aber eines kann sie wirklich: Sie verkauft uns Glück …
Wehe dem, der anfängt, darüber zu diskutieren.«

Jacques Séguéla,
Mitbegründer der Agentur Euro-RSCG, Paris

Im Februar 1992, bevor die Gemüter durch die Kampagnen mit den Reportagefotos aufgewühlt wurden, organisierten wir mit Luciano Benetton eine Serie von Pressekonferenzen in den großen Metropolen. Wir wollten uns mit der Öffentlichkeit, der Kritik und den Journalisten auseinandersetzen, uns erklären, unsere Auffassung von Werbung verteidigen, beweisen, daß wir keine Zyniker sind. Zu diesen Treffen kamen nicht nur Journalisten; in allen besuchten Städten zogen sie auch Künstler, Grafiker, Fotografen, Werbeschaffende und ein allgemein neugieriges Publikum an. Sie entfachten überall leidenschaftliche Kontroversen, besonders über die Notwendigkeit, eine Kampagne gegen die Verbreitung von Aids zu führen, in der die Kranken oder sexuelle Praktiken in aller Offenheit gezeigt werden.

13. Februar, die erste Pressekonferenz wird in New York abgehalten. Kay und Bill Kirby, Davids Eltern, sind anwesend. Am Vorabend hatten Luciano Benetton und ich in Ponzano Veneto, dem Sitz des Benetton-Unternehmens, den Führungskräften der Firma die Werbekampagne vorgestellt. Das galt als Generalprobe. All jene schwierigen Fragen zur Beziehung zwischen Werbung und Produkt, zur instrumentellen Verwendung realistischer Bilder im Verkauf, zur Selbstzensur und zu jenen Grenzen, die nicht überschritten

werden dürfen, wurden dort gestellt. Wir begegneten ihnen erneut auf allen unseren Pressekonferenzen und genauso im Zuge aller folgenden Kampagnen. Für mich zeugten schon die Intensität der Diskussionen und die Leidenschaft, mit der sie geführt wurden, von der Kraft der Kampagnen.

Zurück nach New York. Luciano eröffnet die Konferenz um neun Uhr morgens mit einem »Vielen Dank, daß Sie so zahlreich erschienen sind«. Wir befinden uns in der Public Library, der städtischen Bibliothek. Dreihundert Journalisten haben sich hineingequetscht – aber auch Fotografen, Werbeleute und das ganze Team von *Colors*, unserer Zeitschrift. Welch ein Stimmengewirr! Man fühlt sich beinahe wie in einem Konzertsaal vor dem Auftritt des Orchesters. Wir stimmen unsere Instrumente: Den Diaprojektor, um alle Benetton-Kampagnen in Erinnerung zu rufen, Mikrofone für das Podium und den Saal, Kopfhörer für die Simultanübersetzung. Unsere Reportagefotos waren gerade in *Vogue* und in *Vanity Fair* veröffentlicht worden, und diese Magazine werden herumgereicht. Die Journalisten, darunter einige wie wildgeworden, bedrängen Davids Eltern: »Warum haben Sie die Einwilligung zur Veröffentlichung des Fotos von Ihrem Sohn gegeben?«, »Leiden Sie nicht, wenn Sie es in den Straßen hängen sehen?« Insgeheim hoffen sie, die Kirbys aus dem Gleichgewicht zu bringen, um Benetton als Unglücksprofiteur oder Elendseinkäufer anprangern zu können.

Davids Vater antwortet ihnen mit der größten Würde und ohne jeden Haß: »Zu seinen Lebzeiten hat mein Sohn darum gekämpft, daß die ganze Welt über Aids und Mittel zur Vorsorge aufgeklärt wird. Dank dieses erschreckenden Fotos und der internationalen Plakat-Kampagne spricht er mit lauter Stimme. Wir haben uns der Macht und der Popularität Benettons bedient, damit die Öffentlichkeit aller Länder diese fürchterliche und unbekannte Krankheit, der niemand ins Gesicht zu schauen wagt, endlich zur Kenntnis nimmt und darüber spricht.«

Seine Worte dröhnten regelrecht in einem plötzlich ganz still gewordenen Auditorium. Dann hörte man nichts mehr als das prasselnde Blitzlichtgewitter, das über das abgewandte Gesicht von Davids Mutter und die Tränen des Vaters nach seinem Statement hereinbrach. Manche Journalisten haben einfach kein Benehmen.

In Paris werden wir wie »rechte Anarchisten« behandelt

MAILAND, 17. FEBRUAR. Vittorio Agnoletto von der italienischen Liga für den Kampf gegen Aids eröffnet die Debatte. Er verliest einen Text, der mich zwar anrührt, aber nicht überzeugen kann, und in dem er jeglichen öffentlichen und werblichen Gebrauch von Fotos mit HIV-Infizierten kritisiert. »Eine Maßnahme, die viele HIV-Positive einsetzen, um normal weiterleben zu können, besteht darin, ihren Krankheitszustand zu verdrängen. Mit diesem Foto halten Sie ihnen an jeder Straßenecke die tödliche Wirklichkeit ihres Zustandes vor Augen.«

Stefano Marcoaldi, Vorsitzender einer Hilfsorganisation für Erkrankte und selbst infiziert, antwortet ihm. Marcoaldi ist damit nicht einverstanden, und wie David Kirby hat er sich dazu entschieden, seinen Krankheitszustand zu offenbaren und ihn offen zu zeigen. Er verlangt, daß die Rechte der Aidskranken anerkannt werden, und er hat es satt, daß so viele schweigen und sich vor der Krankheit verschließen. Es entbrennt eine stürmische Diskussion: Ein militanter Schwuler, der aus dem Buch von Philippe Aries *Die Geschichte des Todes* zitiert, spricht vom Tabu des Todes in unseren Gesellschaften. Er protestiert gegen den Gebrauch von Euphemismen und nichtssagenden Floskeln, die zum Verständnis der dramatischen Aids-Wirklichkeit überhaupt nichts beitragen. Und obwohl auch er verstehen kann, daß starke Bilder HIV-Infizierte verletzen können, rechtfertigt er doch deren Gebrauch als Teil einer Aufklärungskampagne. Das Foto von David Kirby, ergänzt er, habe zweifellos mehr zur Aids-Vorbeugung geleistet als sämtliche zimperlichen Kampagnen des italienischen Gesundheitsministeriums.

PARIS, 18. FEBRUAR. Die Atmosphäre ist geladen. Die anwesenden Journalisten erregen sich über die ideologischen Implikationen unserer Kampagne. Wir werden gefragt: »Denken Sie, daß es Aufgabe eines Privatunternehmens sein sollte, sich mit Moral und sozialem Bewußtsein zu beschäftigen?« Warum nicht? Warum sollte ein großes Unternehmen über den Dingen und abseits der Welt stehen? Es ist merkwürdig, wie die französischen Intellektuellen von heute die Vermischung von Wirtschaft und Politik ablehnen – ganz im Gegensatz zu 1968. Sie sind Gefangene eines Teufelskreises. Jedesmal, wenn ein Unternehmen soziale Ideen entwickelt oder ein bestimmtes Anliegen gezielt unterstützt, erheben diese Intellektuellen den Vorwurf, die

Werbung gehe auf Kosten des Leids anderer. Dieser ewige Linksradikalismus!

»Stellen Sie sich vor, einer Ihrer Konkurrenten tut es Ihnen gleich – mit dem Unterschied, daß er rassistische Sprüche verbreitet, die Todesstrafe verteidigt oder auf der Einwanderung herumhackt – wie würden Sie reagieren?«

»Welche Auswahlkriterien spielen bei Ihren Fotos eine Rolle? Sind es ästhetische oder philosophische Gesichtspunkte, oder suchen Sie den Schock um des Schocks willen?«

Luciano und ich antworteten, verteidigten uns: Falls ein großes Unternehmen rassistische Sprüche verbreiten würde, fiele dies unter die geltenden Gesetze. Und überhaupt: Ist eine immer rosige, junge und frische Werbung auf ihre Weise nicht auch rassistisch? Der Saal erregt sich, die Fragen gehen durcheinander. Ein Journalist von *Le Monde* bezeichnet mich als »Rechtsanarchisten«, dem es nur um die »Überbetonung des Negativen« ginge. Immer dieser alte französische Streit um rechts oder links. Was mich betrifft, so kenne ich keinen Rechtsanarchisten! Das macht keinen Sinn, Anarchisten befinden sich jenseits aller politischen Lager und sind vor allem Individualisten.

Ich habe es immer merkwürdig gefunden, daß die großen Zeitungen mir vorwerfen, »vom Leid zu profitieren«, wo doch gerade sie ihre Zeit damit zubringen, die Tragödien der Gesellschaft zu fotografieren, zu beschreiben und zu analysieren. Warum begrüßen sie es nicht, daß auch andere Medien davon sprechen? Warum soll ein einzelnes, isoliertes, klares Foto keine politische Aussagen tragen können ähnlich einem Leitartikel? Umberto Eco, der auch ein Experte für die Zeichen unserer Moderne ist, machte sich über diese seltsame Eifersucht der Presse uns gegenüber Gedanken. Er schrieb in der italienischen Zeitschrift *Europeo:*

»Die schreibende Zunft ist allein dafür verantwortlich, daß deren [Benettons] provokante Abbildung so beweihräuchert wurde, da sie dieser eine psychoanalytische oder soziale Dimension verliehen hat, die deren Aufnahme in der Öffentlichkeit garantierte. […] Benetton und Toscani haben sich für Promotion mit Hilfe des Journalistenstreits entschieden…, sie haben auf die gedruckten Artikel gesetzt, die sie keinen Pfennig extra gekostet haben. Welch ein Meisterstreich!«

Die Engländer lieben Hunde mehr als Babys

LONDON, 19. FEBRUAR. Die Journalisten der Sensations- und Regenbogenpresse geben sich ein Stelldichein auf der Lauer nach einem Skandal. Sie klopfen sich gegenseitig auf die Schulter – hat doch die englische Presse das Foto des Neugeborenen geschlossen abgelehnt. Zugleich aber berichten ihre Zeitungen über Aktionen von Tierschutzorganisationen, so daß ich entgegne: »Die Engländer lieben Hunde mehr als Kinder. Wenn ich statt eines Kindes einen kleinen Welpen bei der Geburt fotografiert hätte, hätten Sie alle das Bild durchgehen lassen.«

Das war nicht nur so dahingesagt.

Ein Journalist tut mich als Rassisten ab: Das Foto vom schwarzen Soldaten mit dem Oberschenkelknochen solle unterschwellig ausdrücken, daß ich ihn für einen Kannibalen halte. Wir antworten, hier zeige sich erneut, daß jeder seine höchst eigene Sichtweise hätte. Für Luciano und mich zeigt dieses Foto, wie ein schwarzer Soldat exakt die gleiche Pose der ehemaligen britischen Kolonialoffiziere in Afrika übernehmen kann, wie Machtmißbrauch und Haß auf den anderen auch auf die zuvor Unterdrückten abfärbt. Schreie, Entrüstung, wir haben unrecht – sie haben recht. Dies war eine der weniger offenen Debatten auf unserer Pressetour.

AMSTERDAM, 20. FEBRUAR. Die Niederlande gehören zu den Ländern, in denen die Benetton-Kampagnen immer sehr gut aufgenommen werden. Ein tolerantes Land. Allerdings werden wir zu Beginn der Pressekonferenz von der *Elle*-Chefredakteurin heftig angegriffen. Die Zeitschrift erschien mit zwei weißen Seiten; sie hatte sich geweigert, unsere Werbung abzusegnen, da wir dieses Mal zu weit gegangen seien. Darauf antwortet, bevor wir überhaupt ein Wort sagen können, einer der Kreativen einer großen Amsterdamer Agentur: »Niemand hat das Recht, das zu zensieren, was andere in freier Entscheidung zum Ausdruck bringen wollen!« ruft er. »Wäre ich eine Leserin von *Elle*, fühlte ich mich beleidigt.« Eine wirklich gelungene Diskussionseröffnung!

FRANKFURT, WIEN, 21. FEBRUAR. Die Deutschen und die Österreicher entpuppen sich als philosophische Völker. Bei jeder Pressekonferenz führen uns die Diskussionen sehr weit. Hat Benetton die Absicht, eine weltweite Wohltätigkeitsorganisation zu werden, eine Kommunikationsagentur, die zur Deckung ihrer Unkosten Kleidung verkauft? Oder handelt es sich dabei vielmehr um das schlechte Gewissen zu reicher oder zu verschlagener Kapitalisten? Oder sind wir Kapitalisten, die vielleicht den Fiskus umgehen möchten? Ein Kommuniqué der Berliner Aids-Hilfe erreicht uns mitten in der Kontroverse. Darin wird uns für das Foto von David Kirby gedankt, das ihnen beim Kampf in Sachen Aids-Vorbeugung sehr helfen wird. Wir faxen diesen Text den militanten Engländern weiter, die Benetton Handelszynismus unterstellen.

ZÜRICH, 22. FEBRUAR. Es lebe die Schweizer Genauigkeit! In Zürich stellt man uns nur Fragen zu den Zahlen. Wieviel haben Sie für die Agenturfotos gezahlt? Naja, meine Herren, so zwischen drei- und zehntausend Dollar. Wie haben sich diese Fotos auf die Verkaufszahlen ausgewirkt? Nun ja, meine Herren, das ist im Moment noch schwer zu sagen. Aber Sie sollten wissen, daß Benetton in den letzten zehn Jahren seinen Umsatz verzehnfacht hat. Doch darum geht es ja gar nicht. Ich verkaufe keine Benetton-Pullover, ich versuche, eine neue Auffassung von Foto- und Werbekunst zu vertreten.

*In Madrid blockiert eine Demonstrantengruppe
den Zugang zur Pressekonferenz*

NEAPEL, 23. FEBRUAR. Vom Soziologen Alberto Abruzzese nach Neapel eingeladen, stehen wir nun fünfhundert entfesselten, witzigen, geistreichen und manchmal auch aggressiven Neapolitanern gegenüber. Sehr bald, ganz anders als in

London, setzt eine Debatte ein. Über Ironie und Tragödie, Zynismus, Philanthropie und Meinungsmanipulation. Warum soll denn ausgerechnet Benetton spöttisch und manipulativ sein, wo wir doch gerade ein Werbesystem in Frage stellen, das dies zu 99 Prozent ist. Wirft man uns vor, den Mut dazu gehabt zu haben? Zieht man wirklich die einlullende Werbung unseren Plakaten vor, die die Gemüter aufwühlen?

Madrid, 24. Februar. Eine von einem Anti-Aids-Komitee organisierte Demonstrantengruppe blockiert den Eingang zum Hotel Principe De Vergara, wo die Pressekonferenz stattfinden soll. Ein Demonstrant bedeckt mit einem schwarzen Tuch das Foto von David Kirby. Wir improvisieren an Ort und Stelle. Sehr ruhig erklärt Luciano, daß uns viele Schwulen- und Hilfsorganisationen für HIV-Infizierte unterstützen. Warum sollten ausgerechnet die Madrider über die alleinseligmachende Wahrheit verfügen? Die Konferenz wird rund um die Demonstrantengruppe improvisiert. Wie jedes Mal berichten am nächsten Morgen die nationalen Zeitungen über unsere Kampagnen. Egal, ob sie dafür oder dagegen sind, sie kommen nicht umhin, über die Rolle der Werbung in unserer Gesellschaft nachzudenken.

Die amüsanteste Frage aus Madrid wird bleiben: »Wenn eine Bank das Foto einer Schwarzen mit ihrem abgemagerten Kind benutzen würde, um ihre Kunden zum Sparen anzuhalten, was würden Sie davon halten?«

Worauf die Leute nicht alles kommen …

Budapest, Prag, Warschau, 27.–29. Februar. Die offensten und freimütigsten Reaktionen habe ich in Osteuropa erlebt. Was für ein frischer Geist! In diesen Ländern sind Meinungen und Emotionen zur Werbung nicht durch eifersüchtige Hintergedanken belastet. Die noch wenig an Werbung gewöhnten Menschen reagieren oft vorurteilslos, mit einem unschuldigen Blick für das Wesentliche. Das war ein wahrer Sauerstoffschub nach den gehässigen Fragen der englischen Journaille. Die Journalisten versuchten wirklich, den Übergang von der klassischen Werbung zu den Reportagefotos zu verstehen. Sie fragten sich, welche Kampagnen wir wohl in der Sowjetunion starten wollten, und sie diskutierten ohne Agressivität. Bei ihnen steckt die Werbung eben noch in den Kinderschuhen. Das osteuropäische Stadtbild kennt weder die riesigen Installationen noch die gigantischen Plakatwände der westlichen Städte. Aber die Lust auf freies Unternehmertum, auf Kapitalismus, Pressefreiheit und Freizügigkeit der Sitten hat alle gepackt. Man werfe nur einmal einen Blick auf die Jugendbewegungen und Musikströmungen. Neue Rockgruppen tauchen überall auf, die im Schnelldurchlauf die vorangegangenen Jahrzehnte durcheilen, wie die *Forty Two Partizan,* die Heavy Metal spielen, die *Sexepil,* die von unseren Siebzigern fasziniert sind, oder die *Tatrai Band.* Die Konzertsäle, die Kneipen füllen sich, der Rockoko Club in Budapest, das Razzia oder das Fregat. Es geschieht dort das gleiche wie im Westen der sechziger Jahre – sie wollen Schluß machen mit der Strenge und der beaufsichtigten Freiheit. Unsere Pressekonferenzen waren zum Brechen voll mit jungen und enthusiastischen, an allem interessierten Menschen. Niemand fragte uns, ob unsere

Werbung als »Provokation« angelegt sei oder ob wir uns ein »gutes Gewissen« verschaffen wollten.

Mitten auf dem großartigen Wenzelsplatz in Prag preist eine fassadenhohe Reklame Waschpulver von Persil an: Das Foto eines Paketes und eines Pin-up-Girls. Die Werbung läuft erst an in diesen Ländern, und ich hoffe, sie mit dem Virus des kritischen Geistes infiziert zu haben.

Tokio, Anfang März. Die Japaner kombinieren einen peniblen Sinn für Organisation mit einer großen Faszination für die europäische Kreativität. Die Pressekonferenz verläuft diszipliniert, ernst, höflich. Ein bekannter Fernsehmoderator leitet die Diskussion in einem vollen Saal. Es kommen die gleichen Fragen auf wie in Europa, aber ohne die exzessive Dramatisierung. Die Japaner wollen verstehen. Sie sind anderen Kulturen gegenüber sehr aufmerksam, sie versuchen, sie in die eigene Zivilisation zu integrieren. Sie hören zu. Sie analysieren. Sie nehmen alles in sich auf. Ich bewundere sie. Eine solche Einstellung fehlt zu häufig im Europa der Bannflüche und der kleinen aufgeblasenen Gockel.

5
HIV-Werbung

Wie angenagelt stehenbleiben. Vor dem Standbild verharren.
Man betrachtet, man wird angezogen. Das Produkt berühren,
erhaschen. Lust, Begehren. Lust anregen.

Werbung, das ist nicht die Normalität, das ist die Abnormalität.

Das Normale in der Werbung interessiert nicht, rührt nicht.
Wie weit kann man in der Abnormalität gehen, um zu provozieren, um ein Band zwischen Plakat oder Film und dem Publikum zu schaffen?

Die Benetton-Kampagne ist provozierend, irritierend, anziehend, unerträglich, an der Grenze, geht zu weit.

Dramatisch, eben weil's ein Drama ist.

Provozierend: sie läßt innehalten.

Anziehend: schöne Bilder, gute fotografische Arbeit.

Unerträglich: oft nicht anzusehen, da vor Verzweiflung,
Elend überfließend …

Es gibt Dinge, die man einfach nicht zeigt, da sie verwirren,
weil das Leid, das sie auslösen, *unerträglich* ist.

Perverse Kampagne. Originalität ist nicht alles. Die Wirkung auf den anderen ist zu berücksichtigen.

Toscani, Benetton, haben sie das Problem gründlich analysiert? Haben sie sich vorgestellt,welche Abgründe sich eröffnen würden?

Haben sie sich vorgestellt, welche Beklommenheit sich
durch diese außergewöhnliche Freiheit einstellen würde?

Die fotografische Arbeit habe ich bewundert, das »zuviel
Gesagte«, das »zuviel Geschriebene«, das »zuviel Fotografierte«, das »zuviel Gezeigte« verachte ich.

Sonia Rykiel, Stylistin, Paris.

Die heftigsten und irrsinnigsten, aber auch die interessantesten und politischsten Reaktionen einer breiten Öffentlichkeit – allesamt von einem in der Werbewelt nie dagewesenen Abscheu und Neid begleitet – tauchten in Europa in Folge des Benetton-Plakats vom Herbst 1993 auf, das ein Stück nackte Haut mit der Tätowierung »HIV positive« zeigte.

Die Idee zu diesem Foto kam mir in den USA. Ich war in einem Motel in Kalifornien und befand mich auf dem Weg nach Los Angeles. Als ich den Fernseher einschaltete, stieß ich auf eine aktuelle Reportage über ein lokales Schulereignis. Ein junger Schüler, davon angewidert, daß man nichts im Kampf gegen Aids unternahm, tätowierte sich »HIV positive« auf den Arm, und ging damit völlig nackt zur Schule. Er wurde sogleich aufgehalten und man bedeckte schleunigst – sie, die puritanischen Amerikaner – nicht seine Blöße, sondern die tätowierte Haut!

Diese Geschichte erschütterte mich. Ich hielt diesen Schüler für couragiert, der die Idee zu einem mutigen Akt hatte, der unsere Blindheit, unsere Vogel-Strauß-Mentalität, unsre panische Angst vor der Krankheit herausfordern sollte. Das war der Augenblick, in dem das Foto in meinem Kopf entstand. Ich erinnere mich an die Reaktion Luciano Benettons, als ich ihm das Konzept zu dem »HIV positive«-Plakat vorstellte: »Dieses Mal wird das Publikum verstehen,

daß wir es ernst meinen. Das ist das Ergebnis aller vorangegangenen Kampagnen.« Ich war mit ihm einer Meinung. Mit
diesem Plakat wollte ich signalisieren, daß Benetton weiter
an seiner Bereitschaft zur Einmischung festhält, indem wir
uns gegen die Ausgrenzung von Aidskranken mit der gleichen Kraft wie gegen den Rassismus einsetzen.

Damals drehte der französische Sender *France 2* eine
Reportage über die Benetton-Kampagnen. Ich zeigte die
Anzeige dem Regisseur Didier Schilte, um dessen Meinung
darüber zu hören. Er sagte mit allen Anzeichen der Ent-
täuschung: »Das ist weniger stark als gewöhnlich. Schade!«

»Meinen Sie wirklich?«

»Das wird kaum so viele Reaktionen hervorrufen wie die
Vorgänger.«

Ich war besorgt und hatte nun meine Zweifel. Wie
schrecklich sich doch Journalisten manchmal irren können.

Wieder einmal war ich von der haßerfüllten Gewalt einiger
Reaktionen geschockt. Beginnen wir mit denen meiner
Handwerkskollegen. Die kleinen Päpste der großen Agenturen verstiegen sich bis zu der Forderung, man solle mir
meine »Werbelizenz« entziehen, da ich »den Berufsstand
entehrt« hätte. Demnächst werden sie wohl eine »Lizenz
nach Punkten« für Fotografen und Künstler fordern! Für
jedes Foto, das ihnen nicht paßt, wird ein Punkt abgezogen
– bis sie letztlich ein Fotografierverbot erteilen können!
Diese Schöngeister maßen sich an, alle bevormunden zu
können, wie sie es in ihren Agenturen und in ihren Fabriken
zur Herstellung der parfümierten Scheiße tun, die sie überall hinterlassen. Kürzlich war ich zu »Il laureato« eingeladen,

einer sehr beliebten Sendung im italienischen Fernsehen. Man bittet Studenten ins Studio und setzt sie mit Berühmtheiten zusammen, damit sich zu ihrem frommen Nutzen lebhafte Diskussionen entwickeln. So sollte ich mit ihnen über Kommunikation reden. Ich erklärte, die einst so mächtigen italienischen Kommunisten hätten eine Revolution verpaßt, da sie immer noch nicht verstanden hätten, in welchem Umfang sich das Fernsehen zur wahren politischen Kraft entwickelt hätte. Und das sei der Grund dafür, weshalb Berlusconi sie quasi ohne Partei und ohne politischen Hintergrund bei den Wahlen geschlagen habe. Daraufhin knöpfte ich mir die Werbeleute vor. Ich warf ihnen vor, mit ihrer Welt der Reichen, der schönen Frauen und der Marken die Kriminalität zu fördern. Am nächsten Tag verlangte ein Zusammenschluß zahlreicher italienischer Werbeschaffender von mir fünf Milliarden Lire Schadensersatz.

Aber verlassen wir diese nachtragenden Kleingeister. Bald sollte sich in ganz Europa eine Massenkontroverse ohnegleichen aufgrund des Plakates mit der Tätowierung erheben. Zeitungen, Intellektuelle, Hilfsorganisationen für Aidskranke, Fernsehsendungen, Politiker bezogen Stellung, schnauzten sich gegenseitig an, beschimpften oder verteidigten mich. Niemals zuvor hat eine Werbung soviel Emotionen entfesselt. In Frankreich sprach man von einer »Miniaffäre Dreyfus« (die einen Monat dauern sollte). Sobald die Leute auf das Plakat zu sprechen kommen, geht es mit ihnen durch! Zu denselben Streitereien, den gleichen Wortgefechten kam es in Italien, in Deutschland, in Großbritannien – einfach überall.

Von meiner Warte aus hat diese Kampagne ihr Ziel erreicht. All die wütenden Diskussionen, die aufeinanderprallenden Meinungen, die Tausende giftiger oder lobender Artikel, die durch sie ausgelöst wurden, drehten sich um die Frage der Kennzeichnung und der Ausgrenzung von HIV-Infizierten – was ja tatsächlich in mehreren Ländern von einer extremen Rechten gefordert worden war – und um die Frage nach der agitatorischen Rolle der Werbung. Aufgerüttelt durch die Heftigkeit dieser kontroversen Debatte, die sie selbst zu entfachen nicht in der Lage waren, sahen sich alle Kommunikationsexperten gezwungen, über die Art und Weise ernsthaft nachzudenken, wie man über Sex und Aids zu sprechen habe. Sollte man eher realistisch und schockierend sein, sollte man Sex, Vergnügen oder die Kranken in aller Direktheit zeigen oder das genaue Gegenteil? Niemals zuvor hatte eine offizielle Aids-Aufklärungskampagne zu einem derartigen Aufruhr der Gefühle geführt. Noch nie hatte es jemand zu zeigen gewagt, wie eine solche Brandmarkung wirklich aussehen sollte – direkt auf der Haut eines HIV-Infizierten. Die Ablehnung dieser Zukunftsvision war so stark, die Kontroverse so wütend, daß wir uns absolut sicher sind, daß es von nun an für einen Politiker schwierig sein wird, allen Ernstes für eine derartige Diskriminierungsmaßnahme einzutreten.

Sage mir, was Dich stört, und ich sage Dir, wer Du bist: Die Reaktionen auf das »HIV positive«-Plakat waren je nach Land völlig unterschiedlich. Beginnen wir mit den positivsten.

In den Niederlanden und in Japan übernahmen die Aktivisten der Aids-Hilfen dieses Bild für ihre Aufklärungs-

kampagnen, ohne sich um dessen Herkunft aus der Werbewelt zu scheren. Sie funktionierten es um, belegten es mit
Beschlag und präsentierten es den offiziellen Stellen, damit
die sich ein Beispiel daran nahmen. In London klebten die
Mitglieder von Act Up, der internationalen Hilfsorganisation für Aidskranke, die Telefonnummer ihres Bereit-
schaftsdienstes auf alle Plakate. Die englischen Massenblät-
ter dagegen entrüsteten sich wie bei jeder meiner Kampagnen und riefen einmütig zum Boykott von Benetton auf. Als
ob sich das gesamte aktuelle Weltgeschehen auf die
Werbeplakate einer Pullovermarke konzentrierte!

In Paris wunderte sich die Organisation Act Up, die für ihren
militanten Radikalismus bekannt ist, über die feindseligen
Stellungnahmen gegenüber Benetton seitens der AFLS (der
mit der Aidsaufklärung betrauten staatlichen Agentur) und
gab folgende Erklärung ab: »Die AFLS sollte lieber ein
wenig mehr Wagemut und politische Courage in ihren eigenen Kampagnen zeigen.«
   Einige Wochen später schritten Benetton und Act Up
Paris zur Tat und stülpten ein riesiges neonrosafarbiges Präservativ über den Obelisken auf der Place de la Concorde.

In Genf bewies die ASS, die Schweizer Hilfsorganisation für
Aidskranke, mehr Einfühlungsvermögen als ihre französischen Kollegen, als sie ein Kommuniqué veröffentlichte, in
dem unter anderem stand: »Die ASS betrachtet diese Plakate als einen engagierten und unkonventionellen Versuch,
eine Bewußtseinsbildung in der Öffentlichkeit zu fördern.
Denn Benetton verzichtet im Gegensatz zu anderen Unter-

nehmen, die nur ihre Produkte promoten wollen, darauf, eine Botschaft vorzugeben. Ihr Ziel ist es, den Empfänger dazu aufzufordern, über die Aidsproblematik nachzudenken und sich eine eigene Meinung zu bilden.«

Neben solchen Reaktionen und den Versuchen, das Plakat politisch zu vereinnahmen, offenbarte die Anzeige die gesamte Wucht und den Einfluß der Political-Correctness-Bewegung, dieser neuen Ideen- und Sprachpolizei, die sich von den Vereinigten Staaten ausgehend in Europa und vor allem in Frankreich und in Deutschland ausbreitet: Zwei Länder, die ihre Vergangenheit noch nicht verarbeitet haben und in denen jede Anspielung auf Kennzeichnung von Bevölkerungsgruppen wie eine böse Erinnerung nachhallt.

In Italien beschuldigte Monsignore Giuseppe Pasini, Sprecher der Katholischen Kirche, Luciano Benetton, die Öffentlichkeit mit tragischen Bildern, Melodramatik und Tränen zu manipulieren. Als ob die Kirche nicht schon seit Jahrhunderten dieses Register ziehen würde! Als ob die italienischen Maler der Renaissance niemals die Pietà dargestellt hätten oder Menschen und Heilige, die die schlimmsten Tode erlitten! Wenig später klagte uns der *Osservatore Romano*, die Zeitung des Vatikans, an, Bilderterrorismus zu betreiben – ausgerechnet der Vatikan, dessen Symbol ein blutüberströmter gekreuzigter Mann ist!

In Frankreich wurden wir, angesichts einer gespaltenen Intelligenz, von allen Seiten angegriffen. Der Minister für Menschenrechte forderte die Einstampfung der Plakate.

Eine Gruppe junger Designer rief zu einem Boykott unserer Läden auf. Françoise Giroud, die bekannte Leitartiklerin und berühmte Feministin, griff uns heftig an. Und als das mittlerweile leider eingegangene Magazin *Actuel* uns verteidigte, ereiferte sich ein Journalist der Tageszeitung *Libération* – dennoch ein schöner Titel! –: »Wie sich die Bullen und die Pfaffen ständig anmaßen, besser als das gemeine Volk zu wissen, was gut für die Menschen ist, tut Benetton dies mit seinen Fotos [...], diesen Schandbildern.« Ein merkwürdiger Beginn für ein anarchistisches Pamphlet, das dann auch noch in eine Verteidigung der klassischen und angepaßten Werbung mündet! Die gleiche gekränkte Reaktion gab es bei *Globe*, damals eine Zeitung der Kaviarlinken, wo man es vorzog, eine Modekampagne zu loben, in der Karl Lagerfeld als Grand Seigneur und glorifizierte Top-Models posierten. Und natürlich die Schriften von Jacques Séguéla, dem Papst der französischen Werbung, der sich über die Plakate in einer Art echauffierte, die an die verklemmten Jungfern früherer Zeiten erinnert: »Meine Unschuld! Meine Unschuld!« Ich zitiere:

»[Toscani] ist der Welt größter Ausbund an Monstrosität. [...] Die Provokation ersetzt Stück für Stück die Kreativität, die Tragödien dieses Planeten haben die Glückseligkeit der großen Rassen- und Farbenmischung aus den ersten Kampagnen von Benetton abgelöst. Drei Jahre später ist der Antirassismus im Antikonformismus versunken. Nie wieder wird eine Kampagne so lange durch die Gazetten geistern, bis das Markenimage ›dämontiert‹ ist.«

Wenn man den Kommunikationsexperten richtig versteht, »versinkt« jeder, der es nicht so macht wie alle anderen, in Nonkonformismus, und Provokation hat niemals, aber auch wirklich niemals etwas Kreatives an sich. Ein beunruhigender Ausspruch für jemanden, der eine Kreativagentur in Sachen Kommunikation leitet!

Mich betrübt vor allem die Beharrlichkeit, mit der diese Kommunikationsfachleute und gestandenen Alt-68er, die für die Revolution und die totale Befreiung auf die Straße gingen, an ihren Scheuklappen festhalten. Sie sind davon überzeugt, in Europa wie in den USA, daß sie allein die korrekte Interpretation der »HIV positive«-Bilder geben können. Sie ertragen es nicht, daß andere Menschen dabei andere Gefühle entwickeln oder sie anders analysieren. Diese großen Werbetheoretiker haben das unerschöpflich kreative Potential des Bildes noch nicht erkannt. Seine Möglichkeiten, vielschichtige Gefühle und Deutungen über einen erstarrten und dogmatischen Sinn hinaus auszulösen. Diese ultramodern sich dünkenden Intellektuellen spielen uns erneut die alte Leier vor vom Zwist zwischen dem geschriebenen Wort und dem Bild, vom Text als dem einzigen Hüter der Wahrheit. Sie ertragen es nicht, daß ein Foto allein – ohne weiteren Kommentar – Sprengkraft bergen kann. Ohne daß es erläutert werden muß – und zwar durch sie. Sie haben noch nicht verstanden, daß sich unsere Welt eine zweite Daseinsform geschaffen hat mit einem Universum aus Bildern und Bildschirmen, das schließlich mit der Wirklichkeit wetteifert. Sie wollen, daß die Bilder in den Magazinen oder im Flimmerkasten nur Spiegelbilder oder Kopien ohne Bedeutung sind, deren wahren Sinn nur sie allein verkünden können. Aber sie täuschen sich, die Virtualität ist die

Realität. Das Bild ist die Wahrheit. Eine offene, aufwühlende Wahrheit.

Der Essayist Michel Danthe, Chefredakteur der Zeitschrift *Construire*, hat sich in einem Text zur »HIV positive«-Kampagne kluge Gedanken über die aufrüttelnde Kraft dieses Bildes gemacht:

»Es gibt die Welt der Staaten und Behörden, die auf dem einen oder anderen Umweg die Personen brandmarken, die mit dem Virus leben. Maßnahmen, mit der sie diese dann leichter über die Grenzen abschieben können, ihnen Visa oder Versicherungsleistungen verweigern oder den Zugang zu bestimmten Schulen verwehren. Mit jener Tätowierung findet Benetton in seinen drei Plakaten ›HIV positive‹ eine metaphorische Darstellung dafür. Eine erschreckend konkrete Metapher, erschreckend bildhaft, effizient, synthesengleich. [...]

Ohne lange Reden, langatmige Argumentationen, unter Verzicht auf alles, das sich in erster Linie an den räsonierenden Verstand richtet, setzt Benetton gezielt auf den emotionellen Schock, das Gewicht der gebrandmarkten Haut mit allen Konnotationen, die die Metapher impliziert. [...] Aber die Wirklichkeit zu zeigen, ist eine Sache. Seine Meinung darüber zu äußern, ist eine andere. Es ist an der Zeit, sich eine andere Frage zu stellen: Was will die Firma angesichts dieser Realität mitteilen? Welche Botschaft will Benetton den Bildern mitgeben, in denen die Firma uns die Wirklichkeit entgegenschleudert? Sich diese Frage zu stellen und sie zu beantworten versuchen, heißt akzeptieren, daß diese italienische Firma uns in eine neue Dimension der Kommu-

nikation katapultiert. Eine klassische Kampagne hätte nämlich eine einfache, klare, eindeutige Botschaft dazugegeben.
Etwas in der Art: ›Nie wieder das!‹… Und dem Betrachter
wäre die Aufgabe des Denkens abgenommen worden: Hätte
Benetton nicht einfach diesen politisch korrekten Slogan
vorgeben können […]?

Bei der Benetton-Kampagne gibt es nichts dergleichen,
nichts in dieser Eindimensionalität: Sobald der Schock
durch das Bild einsetzt, schweigt die Werbung, die Bedeutung bleibt offen, die Interpretation ebenso. Es bleibt dem
Betrachter überlassen, dem Passanten, der auf die Werbung
stößt, der mit seinem Nachbarn oder Arbeitskollegen darüber diskutiert, Stellung zu beziehen und deshalb über das
Problem nachzudenken, sich eine Meinung zu bilden und
aktiv in den Kommunikationsprozeß einzutreten. […] Die
Botschaft von Benetton ist die Debatte. Die Botschaft ist die
Diskussion. Die Botschaft ist die ausgelöste Kontroverse…
Die Botschaft ist diese dritte Dimension, die zwangsläufig
unerwartet, zwangsläufig unkontrollierbar, zwangsläufig cha-
otisch, zwangsläufig verschwommen ist, da sie jedesmal
einen unabhängigen Empfänger miteinbezieht…, der letztendlich daraus das schließt, was er will.«

Die Geschichte von Marinko Gagro
und dem Ehrenmahl des bekannten Soldaten

Ende 1993: Ganz Ex-Jugoslawien wird vom Krieg überzo-
gen. Es ist der erste europäische Krieg seit fünfzig Jahren.
Die Lage ist ernst, beunruhigend. Die alten religiösen und

nationalistischen Haßgefühle flammen wieder auf. Es besteht die Gefahr, daß sie sich auch anderswo entwickeln, im Osten wie im Westen, wo die extreme Rechte bereits den Rassismus und die Thesen der nationalen Identität propagiert. Wird Europa reagieren, das seit fünfzig Jahren in Frieden lebt – was an sich schon ein historisches Wunder ist? Wird es seine Grundwerte der Toleranz verteidigen und den Frieden bewahren? Tatsache ist, daß sich die gesamte europäische Presse damals lediglich mit den Ehestreitigkeiten zwischen Prinz Charles und Lady Di beschäftigte! Das ganze Nachrichtengeschehen schien sich auf diese rosenwassergetränkten Klatschseiten zu beschränken, während der Krieg in Jugoslawien in saft- und kraftlosen Artikelchen auf die hinteren Seiten verbannt wurde. Während die Serben Gemetzel anrichteten und vergewaltigten und man die fürchterliche »ethnische Säuberung« erfand!

Ich überlegte. Wie konnte man die nächste Benetton-Kampagne zu diesem Krieg aufziehen und die öffentliche Meinung sensibilisieren? Eines Morgens im Januar 1993 erhielt ich einen Brief von Marina Pejic, einer jungen Frau von 22 Jahren, die im eingekesselten und bombardierten Sarajevo wohnte. Sie schrieb mir: »Ich habe bemerkt, daß jedesmal, wenn Sie eine Kampagne durchführen, egal zu welchem Thema, die ganze Welt darüber spricht. Warum machen Sie kein Plakat, um diesen schrecklichen Krieg anzuprangern?« Ich überlegte weiter. Ich wollte kein Bild eines Toten, einer Leiche, ich wollte nicht schockieren, sondern bewegen. Ich dachte an ein konzeptuelleres Plakat, das unsere Blindheit und unsere Leck-mich-am-Arsch-Mentalität anprangert. Mir schwebte gewissermaßen ein »Ehrenmal des bekannten Soldaten« vor, eine Art Bildnis eines jungen Mannes, der getötet wurde, aber dessen Name und Eltern bekannt sind. Warum nicht seine Kleider? Ich trug die Idee dem Roten Kreuz vor.

Im Februar 1994 wurden mir per Post eine Hose und ein T-Shirt in einem Karton zugeschickt. Nachdem ich das Paket geöffnet hatte, war ich tief bewegt. Die Hose eines Tarnanzuges und das T-Shirt gehörten zur Bekleidung eines jungen Soldaten, der vor kurzem getötet worden war. Ein zerschnittener Gürtel, eingetrocknetes Blut, das Einschußloch. Eine maschinengeschriebene Notiz mit Unterschrift teilte mir etwas in einer mir unbekannten Sprache mit, auf Kroatisch. Meine Mitarbeiter und ich lasen diese unverständlichen Worte in absolutem Schweigen. Diese Hose schien uns das Symbol eines Krieges zu sein, von dem wir nichts wissen wollten. Diese seltsamen Sätze waren wie die Zeilen eines Buches, daß wir niemals öffnen wollten.

Diese Kleidungsstücke gehörten einem jungen Mann, Marinko Gagro. Der Brief stammte von seinem Vater, der wünschte, daß der Name und die Hinterlassenschaften seines von den Serben getöteten Sohnes für den Frieden und gegen den Krieg benutzt werden sollten. Er sollte nicht umsonst gestorben sein, er, der sein Studium beenden und heiraten wollte.

Wir machten ein Plakat und eine doppelseitige Zeitungsanzeige mit der Aufnahme der blutigen Kleidung des jungen Soldaten und lancierten sie in 110 Ländern. Die Werbung zeigt auf einer Doppelseite vor weißem Hintergrund rechts das blutbefleckte rosafarbene T-Shirt und links die Drillichhose – und zwar so, daß die beiden Kleidungsstücke den Körper des Mannes, der sie getragen hatte, nach-formen. Zu sehen ist auch das Einschußloch, aus dem sein Leben entwichen ist. Ein Auszug aus dem Brief des Vaters läuft über das ganze Plakat wie eine Schlagzeile: »Ich, Gojko Gagro, Vater von Marinko Gagro, geboren 1963 in Blatnica, Gemeinde von Citluk, wünsche, daß der Name meines toten Sohnes Marinko und alles, was von ihm geblieben ist, für den Frieden und gegen den Krieg verwendet wird.«

Zur gleichen Zeit schrieb ich einen Brief an *Oslobodenje,* die freie Zeitung von Sarajevo, in dem ich unser Vorgehen erklärte: »United Colors of Benetton benutzt die Macht der Werbung und richtet diese Botschaft an die Welt. United Colors of Benetton will keine Antworten geben, sondern nach den Zivilisten, Kindern und Soldaten fragen, die in Sarajevo gestorben sind. Hinter jedem Soldaten steht immer ein Mensch mit seinem Privatleben, Menschen, die er liebt, seine Geschichte. Und hinter jedem ausgelöschten Leben steht die Verantwortung einer Welt, die sich mit dem Zusehen begnügt. […] Mit diesem Bild, das United Colors of Benetton zur weltweiten Verbreitung ausgewählt hat, wollen wir den Zweifel nähren, den die Welt gegenüber institutionalisierten Gewaltakten und Tod hegen soll.«
Wieder einmal löste dieses Plakat in der ganzen Welt leidenschaftliche und verbissene Kontroversen aus. In den USA wurde die Anzeige von der *Los Angeles Times* wegen der darin enthaltenen »Gewalt« zurückgewiesen. Auf jeden Fall war es das, was der Sprecher der Zeitung erklärte.

In Genf beschuldigte mich UNICEF, »den Schrecken der Welt zu instrumentalisieren«.

In Deutschland leiteten zwei Menschenrechtsorganisationen Untersuchungen ein, ob Benetton nicht internationales Recht verletzte, indem wir den Bosnienkrieg »zu Gewinnzwecken ausbeuteten«.

In Frankreich lehnten *Le Monde* und *Le Figaro* die Kampagne ab.

Ich weiß, daß Journalisten Marinkos Vater aufgesucht haben, um ihm zu sagen, daß Benetton mit dem Martyrium seines toten Sohnes Geld schinde. Ich weiß, daß der Vater, er, der mir die Kleidung seines Kindes gesandt hatte und der wollte, daß ich damit ein Plakat gestaltete, mich als »Schakal« bezeichnet hat. Das ist zumindest das, was der französische Werbeschaffende Jacques Séguéla in der Presse kolportiert hat. Aber was haben diese Leute Vater Gagro erzählt? Hat er genau verstanden, daß das Bildnis seines toten Sohnes um die Welt gegangen ist? Daß es das Bewußtsein der Amerikaner aufgerüttelt hat, die zögerten, sich in Ex-Jugoslawien zu engagieren? Daß es zur großen Debatte über die Beibehaltung des Waffenembargos gegen die Bevölkerungsgruppen beigetragen hat, die unter dem Trommelfeuer der Serben lagen? Daß es überall den Schrecken dieses Krieges wieder in Erinnerung gerufen hat, der den Frieden in Rest-Europa, wenn nicht den der Welt bedroht? Haben diese Journalisten dem verzweifelten Vater den Sinn meines Vorgehens erklärt? Man hat auch gesagt, daß der junge Soldat ein Faschist gewesen sei. Daß man mich manipuliert habe. Indem ich das Foto von einem blutbefleckten Drillich zeigte? Manchmal frage ich mich, wer wohl die Schakale sind, vor allem, wenn man weiß, daß nach dieser Kampagne ein gewisser Chef einer großen Agentur einen Brief an

Luciano Benetton schrieb, in dem er ihm die Worte von Marinkos Vater hinterbrachte, meinen Kopf forderte und vorschlug, das Benetton-Budget zu übernehmen.

Aber nicht alle Reaktionen waren so feindselig. Sogar im nicht selten aggressiven Frankreich veröffentlichten mehrere Zeitungen das Foto und beglückwünschten mich dazu. In Japan, wo Werbung nicht nur darin besteht, ein Produkt in Liedern anzupreisen, sondern auch auf eine künstlerische und symbolhafte Gestaltung Wert gelegt wird, erhielt das Plakat den Preis für den besten Art Director. Und nicht zu vergessen das Solidaritätsschreiben, das mir die Agentur TRIO zukommen ließ, eine Gruppe von Designern aus… Sarajevo. Die jungen Grafiker schrieben mir, um mir für die Realisierung der Anzeigen über Marinko zu danken und damit für den Versuch, die internationale Meinung gegen den Krieg in Jugoslawien zu mobilisieren, wie es die junge Marina Pejic von mir gefordert hatte. Aber sie wollten mir auch für den Versuch danken, die Werbung weiterzuentwickeln. Ich zitiere:

»Zu Beginn der neunziger Jahre, als wir zwar ausländische Zeitungen, aber noch keine Journalisten in Sarajevo hatten, wurde in der Stadt über die Benetton-Kampagnen diskutiert. Jedes Mal, wenn man uns um einen Kommentar oder eine Meinung als Grafiker dazu bat, antworteten wir zunächst im Scherz, daß wir Toscani haßten und daß wir auf seine Anzeigen sehr neidisch wären. Wir vergaßen jedoch nicht hinzuzufügen, daß wir zu traurig wären, wenn wir demnächst sterben müßten, ohne gesehen zu haben, was er wohl als nächstes machen würde.

In den ersten Monaten von 1992 kamen allmählich Journalisten nach Sarajevo, während die internationale Presse die Fotos von den Greueln des gerade ausgebrochenen Krieges veröffentlichte. Die Anzeigen von Toscani wurden zweitrangig, man vergaß sie, um sich vielmehr um die eigene Verteidigung und das eigene Überleben zu kümmern. Wir waren damals davon überzeugt, daß wir weiterarbeiten müßten, ohne den Krieg zu sehr zu beachten, um alles zu unternehmen, was sich von der Zerstörung unserer Stadt positiv abhob. Wir sandten Botschaften aus Sarajevo mit dem einzigen Mittel, das wir hatten – das Design –, und wir gedachten dabei unserer beiden Vorbilder: Andy Warhol und Oliviero Toscani (dachten an die Welt der Campbell-Suppen, Symbol für alle Dosensuppen, die wir in diesem Krieg aßen, und an die »United Colors of Benetton«, die in unseren Köpfen zu den »United Colors of Sarajevo« wurden).

Wie Toscani, der es durch seine Arbeit und die in seinen Anzeigen vermittelte Weltsicht verstanden hat, den reinen Markennamen zu transzendieren, waren wir so anmaßend, Sarajevo zu der größten »trade mark« des ausgehenden zwanzigsten Jahrhunderts machen zu wollen (diese Stadt, in der wir lebten und wo mit schwindelerregender Geschwindigkeit gestorben wurde). […]

Da tauchte das Bild der Uniform des in Bosnien getöteten Soldaten auf. Wir werden nie erfahren, ob dieses Plakat, das dem Konflikt in unserer Region gewidmet ist, eine der unverschämtesten und zynischsten Reaktionen auf den Krieg ist, oder ob es nicht im Gegenteil eine der gelungensten Mahnungen gegen die Greuel ist, begangen von der modernen Zivilisation, die dem Marketing und der Kommunikation immer mehr Bedeutung beizumessen scheint. Nun hat sich Toscani genau an die Regeln des Marketing gehalten, die er zugleich respektiert, wenn er sich über sie lustig macht, als er seine Botschaft losschickte … wie brutal diese auch sein mag.

Wir werden auch nie erfahren, ob sich einige Medien geweigert haben, dieses Foto zu veröffentlichen, um wieder einmal keinen Blick für unsere blutgetränkten Kleider zu haben, oder ob sie sich als Hüter einer idealen Welt aufgespielt haben, entsetzt über die Ausbeutung des Leids anderer. […] Wir werden es niemals erfahren. Aber wir wissen ganz sicher, daß es Toscani mit diesem Plakat gelungen ist, der Debatte über die Fragwürdigkeit der Gründe und Ziele des Bosnienkrieges neuen Schwung zu verleihen. […] Toscani überträgt die Schrecken der Welt in seine Fotografien; er verleiht den erschütternden Wahrheiten Unsterblichkeit und schickt uns einen Kommentar. […]

Großer Salut aus Sarajevo vor dem Großmeister des Designs.«

Dieser Brief war mir ein großer Trost nach den Tagen des Zweifels. Das hier war etwas ganz anderes als die verängstigten Reaktionen einer Vielzahl von europäischen Werbeschaffenden, die mir aus ihren warmen Agenturstuben heraus vorwarfen, mit dem Tod und dem Krieg zu spielen. Aber wer spielt denn nun wirklich damit? In der verfälschenden Werbewelt existieren Tod, Schmerz und Krieg doch weiterhin, auch wenn sie unter ganzen Bergen von Konsumgütern und schönen Frauen begraben sind. Man spürt dennoch den Geruch des Todes in den Kampagnen mit ihren Laboren für

Leichenschminke, mit den erstarrten Mannequins, jenen unwirklichen, lackierten, stummen, in Pose gestellten, straßbedeckten, ausdruckslosen Frauen mit ihrem falschen Lächeln, ihrem gezwungenen Schritt – die reinsten Zombies.

Ich bekam eine wahre Flut an Post zu diesen Kampagnen. Schon 1992, zur Zeit der antirassistischen Motive, erhielt ich 2 500 Briefe – sowohl der Zustimmung als auch der Ablehnung. Und noch etliche mehr zur »HIV positive«-Kampagne. Andere Werbeleute erhalten nie so viel Post. Wenn mich die Leute fragen, was denn der Krieg in Ex-Jugoslawien, Aids oder aktuelles Zeitgeschehen mit Pullovern zu tun haben, antworte ich, sie hätten gar nichts miteinander zu tun. Ich mache keine Werbung. Ich verkaufe nicht. Ich versuche nicht, das Publikum mit plumpen Tricks zum Kauf zu überreden. Ich werde nicht die Strickmuster und die Farben der Benettonpullover anpreisen, da ich genau wie die Öffentlichkeit von ihrer Qualität überzeugt bin. Ich bin nicht zynisch, ich suche neue Ausdrucksmittel. Ich diskutiere mit dem Publikum wie jeder Künstler. Ich beute das Leid der Welt nicht aus, damit man von Benetton spricht, ich greife den Konformismus der Gewißheit an. Ich nutze die Möglichkeiten einer unausgeschöpften und verachteten Kunst, die Wirkungskraft und die Gelegenheiten der Präsentation eines Medium, nämlich der Werbung. Ich kratze die öffentliche Meinung dort, wo es sie juckt. Ich nehme an der öffentlichen Debatte wie ein Schriftsteller, ein Pamphletist oder ein Journalist teil. Das tragische Bildnis dieses jungen bosnischen Soldaten ist für mich stärker als jeder Verdacht der Werbung, wichtiger als das kleine grüne Rechteck von

Benetton. Es spricht für sich. Warum sollte es auf einer mit Benetton signierten Werbefläche unzulässig, unerträglich sein? Haben die Zeitungen nicht wie alle Medien ein Logo oder einen Titel? Verkauft werden sie auch. Und enthalten Werbung. Und Fotos vom Elend in der Welt. Beuten sie es etwa aus?

Einladung zur Biennale von Venedig,
Fotos von Genitalien auszustellen

Mit der Kampagne über Genitalien allen Alters und aller Hautfarben, schön zurecht geschnitten wie Paßbilder, einzeln in Rechtecken, klinisch aneinandergereiht wie in einem Setzkasten, verließ ich das aktuelle Tagesgeschehen und kehrte zu den Tabus zurück. Mit diesen Fotos stelle ich die Frage, ob allein der Blick auf unsere Genitalien – wie der Blick ins Gesicht – genügt, um uns wiederzuerkennen. Ein Gesicht gibt Aufschluß über den Charakter, das Schicksal, sogar über die soziale Herkunft – aber ein Geschlechtsteil, das wie ein Paßfoto abgelichtet wird? Schwierig. Alle, die dafür posierten, machten das anonym hinter einem Paravent. Ich bin auch heute noch nicht in der Lage, ein Geschlechtsteil einem Gesicht zuzuordnen. Auch nicht dem meinigen.

Wieder einmal zensierte mich die Presse in ganz Europa. In Frankreich war *Libération* die einzige Zeitung, die diese Doppelseite zu drucken wagte. Es wurde ein Verkaufsrekord – 30 000 Exemplare mehr. Auch als ich die Fotos der Genitalien machte, ganz schlicht, wie eine Kollektion von Accessoires, habe ich mich niemals auf das niedere Niveau

mancher sexistischer Werbung, vieler anstößiger Fernsehsendungen oder gar einiger demagogischer Politiker herab-
begeben. Meine Grenze ist die Vulgarität. In Italien werden
die Aufforderungen zur blinden Konsumorgie, pornographi-
sche Sendungen des sexuellen Teleshopping – mit betö-
rendem Striptease und aufreizenden Mädchen – ebensowenig zensiert wie die rassistischen Äußerungen von Politikern
im Schutze des Artikels 21 der Verfassung*. Dafür zieht die
Presse regelmäßig über meine Bilder her, die meistens
nichts anderes wollen, als die Öffentlichkeit über das wirkliche Leben aufzuklären – dieses Mal über Genitalien. Man
sollte ein Geschlechtsteil einmal wirklich betrachten können – zu einer Zeit, als die Aids-Aufklärungskampagnen
noch nicht einmal zu zeigen wagten, wie man ein Kondom
überstreift, weil sie sich fürchteten, einen Schwanz zu zeigen! Nein, man zog es statt dessen vor, Zwergkakteen, kleine Flirts und Jungs zu zeigen, die so dämlich dreinblickten,
als ob sie nichts in der Hose hätten!

Als die Biennale von Venedig sich dazu entschloß, die
Kampagne über die Genitalien sowohl als Werk der Foto-
wie der Werbekunst auszustellen, freute ich mich. Die
Einladung zu dieser großen Ausstellung zeigt, wie sehr es
meinen Zensoren an Kunstsinn mangelt. Die Bilder der
Werbung prägen heutzutage einen enormen Teil unserer
Kultur, unseres Wissens, unseres Geschmacks, unseres Stils
bis hin zu unserer Moral. Ein Fotograf, ein Künstler ist es
sich schuldig, durch seine Arbeit zum Wiederaufleben der
Kultur beizutragen, einen kritischen Sinn, einen verwirrenden Stil oder neue Auffassungen einzubringen, was einige

* Artikel über die Pressefreiheit in Italien

Herbst/Winter 1991–1992; Foto und Konzept: O. Toscani

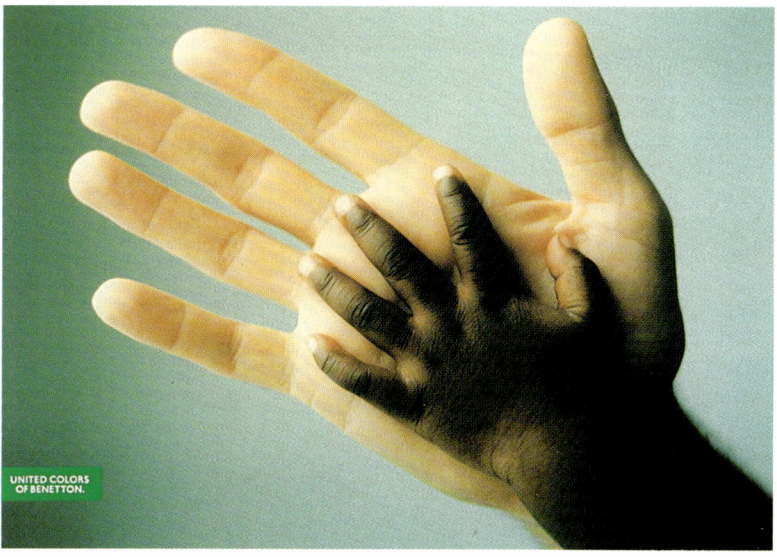

Frühjahr/Sommer 1990; Foto und Konzept: O. Toscani

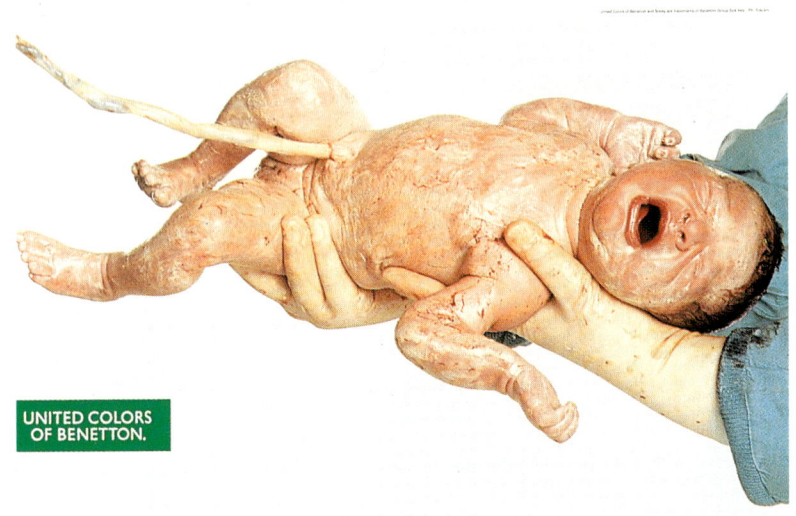

Herbst/Winter 1991–1992; Foto und Konzept: O. Toscani

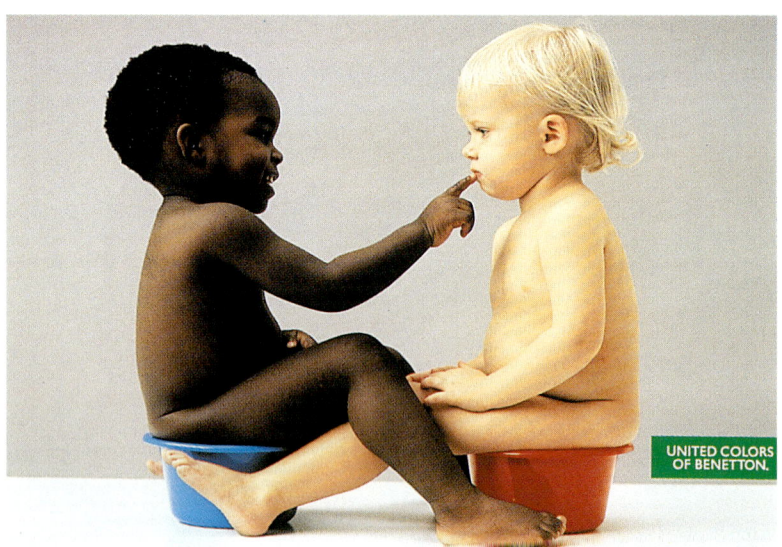

Frühjahr/Sommer 1990; Foto und Konzept: O. Toscani

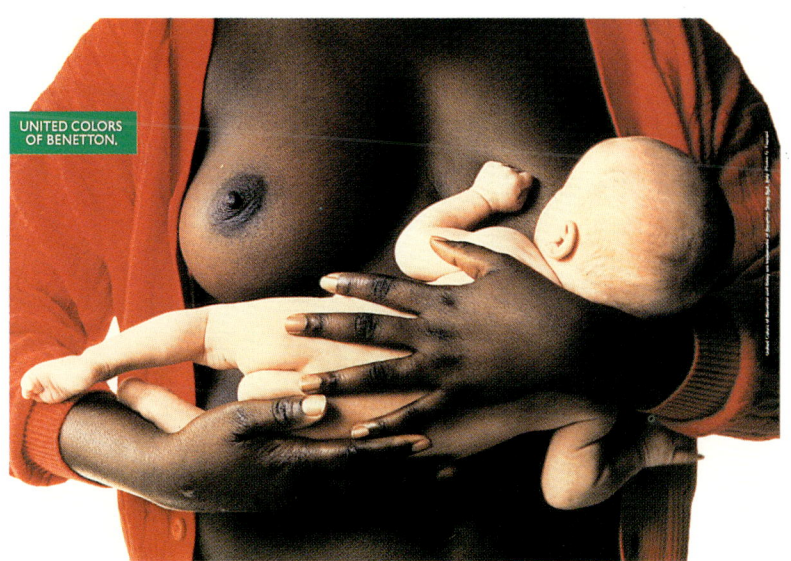

Herbst/Winter 1989–1990; Foto und Konzept: O. Toscani

Frühjahr/Sommer 1991; Foto und Konzept: O. Toscani

Herbst/Winter 1989–1990; Foto und Konzept: O. Toscani

Frühjahr/Sommer 1991; Foto und Konzept: O. Toscani

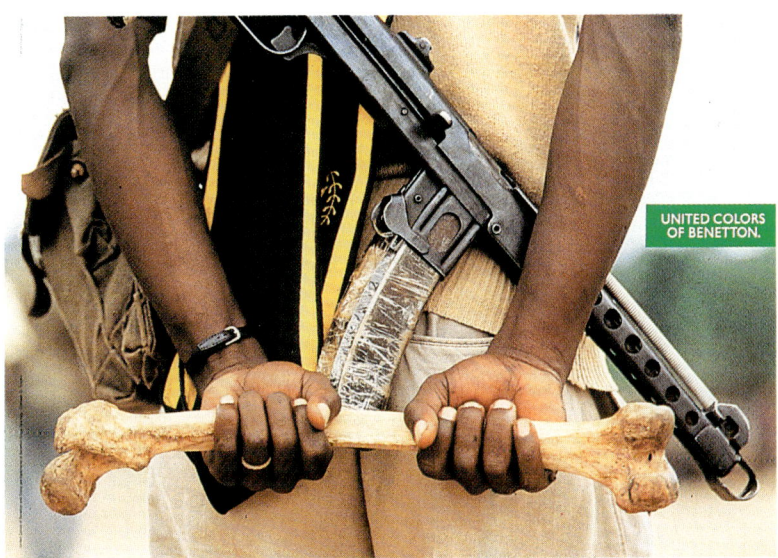

Frühjahr/Sommer 1994; Foto und Konzept: O. Toscani

Frühjahr/Sommer 1992; Foto: Patrick Robert/Sygma, Konzept: O. Toscani

Frühjahr/Sommer 1992; Foto: Franco Zecchin/Magnum, Konzept: O. Toscani

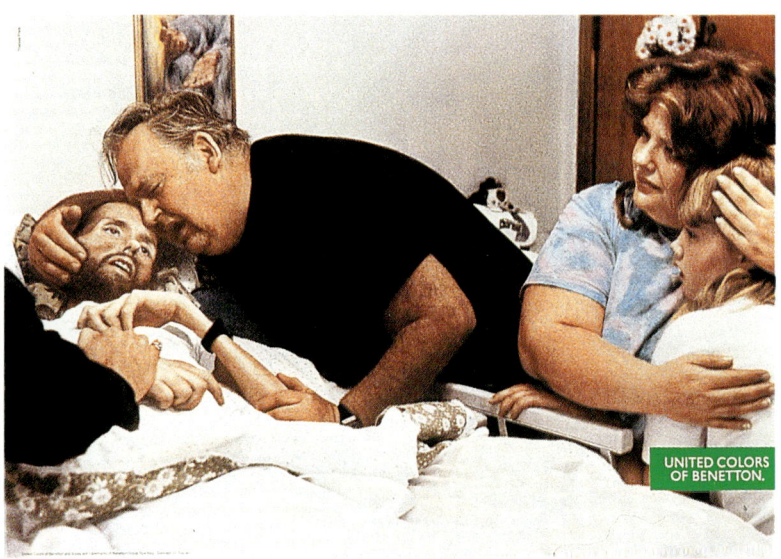

Frühjahr/Sommer 1992; Foto: Theresa Frare, Konzept: O. Toscani

Herbst/Winter 1992–1993; Foto: Steve McCurry, Konzept: O. Toscani

Frühjahr/Sommer 1991; Foto und Konzept: O. Toscani

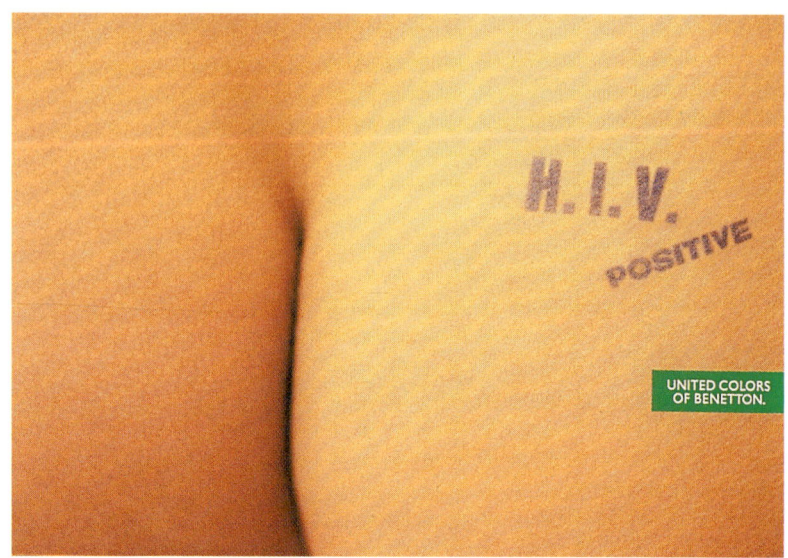

Herbst/Winter 1993–1994; Foto und Konzept: O. Toscani

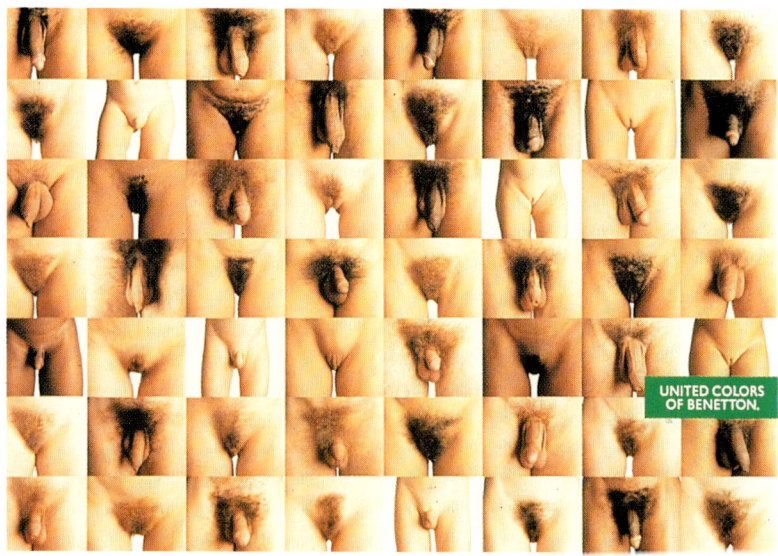

Frühjahr/Sommer 1993; Foto und Konzept: O. Toscani

Dummköpfe immer wieder dazu animiert, »Skandal« zu rufen. Die Veranstalter der Biennale luden mich ein, um mir trotz aller Wagenladungen an Kritik, die über mich ausgeschüttet wurden, Mut zu machen. Ich danke ihnen dafür. In der folgenden Zeit wurden meine Kampagnen in den größten Museen zeitgenössischer Kunst, wie in Lausanne, Mexico-Stadt, São Paulo, ausgestellt. Der Schriftsteller und Philosoph Régis Debray, ehemaliger Kampfgefährte Che Guevaras, hat sehr schön erklärt, warum meine Fotos in Museen eher Eingang fänden als andere: »Die klassische Werbung hatte 70 Jahre Rückstand auf die Avantgarde, die Reality-Werbung zieht endlich mit dem Ready-made gleich. Den Graben zwischen der Kunst und dem Leben, zwischen den Bildern und den Dingen zu überbrücken, das ist nach Marcel Duchamp unser aller oberstes Ziel. Wenn man die Benetton-Performance verbieten wollte, wieviele Galerien wären dann bedroht? Warum sollte man die Weißblechkeksdosen von Boltanski, die Fettklumpen von Beuys, die Urinflaschen von Ben bewundern und gleichzeitig den tätowierten Hintern von Toscani in die Hölle der Geschmacklosigkeit verdammen? Weil erstere ins Museum kommen? Ja und? – Letzterer ist auch schon da!«

Mag die Werbung auch eine Industrie sein, so ist sie doch trotzdem eine Kunst.

6

Werbepause – Pinkelpause

»Benetton ermahnt uns durch Toscani, nicht so zu tun, als ob es neben der erfolgreichen Erledigung unserer alltäglichen Kleinigkeiten nicht die wahren Tragödien anderer gäbe. Toscani ist nicht subtil, aber die Wirklichkeit, auf die er anspielt, ist es auch nicht.«

Joachim Pissaro,
Chefkonservator des Kimbell Art Museums,
Fort Worth, Texas.

Mein Vater war Fotograf. Vor und nach dem Krieg war er Reporter für den *Corriere della Sera.* Er war ein couragierter Mann. Von 1930 bis 1970 verfolgte er alle aktuellen Geschehnisse in Italien und im Ausland, er berichtete über den spanischen Bürgerkrieg und den Aufstand von Budapest. Und natürlich fotografierte er während der Herrschaft Mussolinis alle historischen Staatsreisen des Duce, auch als er Hitler und andere Staatschefs dieser Epoche traf. Die Faschisten hatten die Macht der Propaganda sehr gut begriffen, und sie betrieben sie ähnlich werblich wie die Nazis, indem sie einen lächelnden Führer, begeisterte Menschenmassen und jubelnde Kinder zeigten.

Eines Tages ging Mussolini am Strand von Riccione spazieren, begleitet von seinem offiziellen Fotografen, meinem Vater und einem unabhängigen Journalisten. Plötzlich wandte Mussolini sich dem Meer zu, stellte sich in seinem weiten Mantel breitbeinig in Position, so aufrecht und arrogant wie eh und je, und pinkelte ins Wasser. Commediante! Mein Vater fotografierte das. Er kannte jemanden in der Schweiz und ließ ihm das Negativ zukommen. Eine Woche später erschien das Foto im Ausland mit folgender Unterschrift: »Mussolini pinkelt den Feind an«. Am nächsten Tag wurde mein Vater vor Starace, dem Minister für faschistische Propaganda, nach Rom zitiert. Er geleitete ihn direkt zum Duce, der ihn in seinen Räumen empfing. Der Minister fragte:

»Toscani, haben Sie dieses Foto gemacht?«

»Nein, nein, das war ich nicht!«

Mussolini wußte sehr wohl, daß mein Vater der Schuldige war. Nur er unterhielt verbotene Beziehungen zu ausländischen Presseagenturen. Der Duce fuhr fort:

»Wie kommt es, daß man Sie nie im schwarzen Hemd sieht?«

»Schwarz steht mir nicht sehr gut...«

»Das haben wir uns beinahe gedacht! Sie haben das Foto also nicht gemacht?«

»Nein, nein!«

»Gut, dann war es eben nicht Toscani...«

Sie hätten ihn verhaften können, aber sie wollten keine Störungen der Auslandsbeziehungen; sie wollten meinen Vater weiterhin benutzen und ihre Propaganda machen, ohne allzu hohe Wellen zu schlagen. Sie begnügten sich mit Drohungen.

Mit 14 veröffentliche ich mein erstes Foto:
Mussolinis Witwe

Ich habe von meinem Vater die Leidenschaft für die Fotografie geerbt. Er schenkte mir meinen ersten Fotoapparat, eine Rondine Ferrania, als ich sechs Jahre alt war. Sogleich begann ich, meine Mutter und dann meine Plüschtiere zu fotografieren. Ab sofort war die Kamera immer dabei. Ich wurde der offizielle Fotograf meiner ganzen Klasse. Ich nahm die Rondine um den Hals gehängt überall mit hin: in die Schule, auf Ausflüge, zu mir nach Hause. Ich fotografierte alles, ständig, überall. Es war ein ganz einfacher Apparat. Ihm verdanke ich die Erkenntnis, daß man ein Foto mit seinem Verstand und dem inneren Blick macht und nicht mit einer Kamera. Eigentlich sollte das Objektiv immer hinter dem Auge sein, nicht etwa davor! So kommt es meiner Meinung nach häufig einem Akt der Blendung gleich, wenn man die Kamera ans Auge preßt. Im Geiste mache ich jeden Tag Fotos! Ich ziehe es vor, lange zu betrachten, zu analysieren, die Eindrücke auf mich einströmen zu lassen, um dann eventuell ein Foto zu machen. Heute gibt es sehr ausgeklügelte elektronische Kameras, die Entfernung, Belichtung und Brennweite automatisch regulieren. Aber auch wenn die Technik immer ausgefeilter wird, kann ich keinen großen Fortschritt in der Qualität der Visionen der Fotografen feststellen.

Ich veröffentlichte mein erstes Foto im Alter von 14 Jahren im Juli 1957. Mein Vater hatte mich nach Rimini zur Wahl der Miss Italy mitgenommen, als der *Corriere della Sera* anrief. Die ewiggestrigen treuen Anhänger des Faschismus wollten an jenem Tag Mussolinis Leiche nach Predappio in der Emilia Romagna überführen, um sie dort zu beerdigen. Das war gleich um die Ecke – und es war ein Knüller. Niemand wußte genau, wo Mussolinis Leiche geblieben war, nachdem die Faschisten sie 1945 hatten verschwinden lassen. Mein Vater hatte den toten Mussolini fotografiert, als er an der berühmten Tankstelle hing, noch bevor die wütende Menge seine Leiche schändete.

Wir rasten nach Predappio. Sobald wir am Friedhof angekommen waren, lieh mir mein Vater eine Leica und sagte: »Wenn Du etwas Interessantes siehst, mach Bilder davon«. Ich schlich zwischen den Kreuzen umher; viele Menschen waren da, Schwarzhemden, ein Ordnungsdienst, es war ein großes Durcheinander. Da entdeckte ich etwas abseits einen schwarzen Fiat 1400, geparkt weitab der Neugierigen. Zwei Carabinieri begrüßten eine ganz in Schwarz gekleidete Frau mit verschleiertem Gesicht. Ich schlich näher. Ich versuchte, die Ankommende zu fotografieren. Faschisten entdeckten mich und stießen mich zur Seite. Im Fallen hatte ich gerade noch Zeit, auf den Auslöser zu drücken.

Zurück in Mailand, entwickelte mein Vater den Film. Völlig überrascht zeigte er mir das letzte Negativ und rief: »Oliviero! Heute bist Du es, der das Bild des Tages gemacht hat!« So kam es, daß das Foto von Rachaela Mussolini in Trauerkleidung um die Welt ging.

Und daß ich Fotograf werden wollte.

Mit 18 Jahren nimmt man LSD, und ich werde an der berühmten Fotoschule in Zürich aufgenommen

1962, als ich 20 Jahre alt war, wurde ich in die Kunstgewerbeschule in Zürich aufgenommen, die als eine der besten Europas galt und von Johannes Itten geleitet wurde, dem Farbtheoretiker des Bauhauses. Die Fotoklasse, 1932 von Hans Finsler begründet, war berühmt. Sie war in Zürich eingerichtet worden, um dem Zugriff der Nazis zu entgehen. Ich war ein echtes Kind der sechziger Jahre, ein »Sixty boy«.

Ich kleidete mich total bunt, hatte lange Haare, hörte die Stones, die Animals, die Byrds, die ganze Palette der Rockmusik rauf und runter. Das war ganz zu Beginn der Pop-Bewegung. Wir waren die erste Generation, die nicht so werden wollte wie ihre Eltern; die Langeweile ebenso haßte wie stumpfsinnige Arbeit, wie die Ehe fürs Leben, Politik, Schule, die Konservativen und die Kommunisten. Wir lehnten uns gegen alles und alle auf. In Zürich waren wir nicht einmal 500 Gleichgesinnte, die Schweizer bestaunten uns wie Exoten. Wir nahmen LSD als mystische Substanz, um die Möglichkeiten unseres Geistes auszuforschen, was nichts mit dem übermäßigen Konsum von heute zu tun hat, wo der Stoff gestreckt wird und wo Drogenkriege wüten. Wir fuhren per Anhalter nach London, um auf Rockkonzerte zu gehen und die Mädchen anzubaggern. Wir wollten alles neu und besser machen: unsere Musik, unseren Stil, eine neue Art zu leben, zu lieben und zu arbeiten. Wir waren die erste Generation nach dem Krieg mit ein bißchen Kleingeld in der Tasche. Wir wurden nicht vom Gedanken ans Geld beherrscht, was unserer Kreativität nur förderlich war. Und doch hatten wir immerhin genug, um uns unabhängig zu fühlen. Wir kamen immer gerade so durch und machten einzig das, worauf wir Lust hatten.

An der Zürcher Schule hatten wir außergewöhnliche Professoren; einer davon war Walter Binder, heute Konservator der Schweizer Stiftung für Fotografie. Im Winter 1993 half dieser große Bilderliebhaber dem Museum für Zeitgenössische Kunst in Lausanne bei der Organisation der großen Ausstellung meiner Werbung. Er schrieb einen Text über meine Arbeit, in dem er sich als ehemaliger Professor für Fotografie an meine Anfänge und meine ersten fixen Ideen erinnert. Wenn man ihn liest, könnte man meinen, ich hätte mich nicht sehr geändert:

»Erinnerst Du Dich, Oliviero, damals schon bist Du einer der eifrigsten Verfechter eines Engagements beim fotografischen Schaffen. Die ›concerned photography‹ ist für Dich absolute Bedingung für jeden ernsthaft arbeitenden Fotografen. […] ›Ohne ein engagiertes Schaffen keine glaubhafte Botschaft‹, wird zur großen Devise in den Samstagmorgen-Diskussionen. […]

Und diese Auseinandersetzungen mit dem politischen Alltag, mit den ungelösten Problemen unserer zweigeteilten Welt, mit dem Nord-Süd Gefälle umd dem langsam erwachenden Bewußtwerden der Zerstörungen unserer Umwelt beschäftigt uns Tag für Tag stärker und beginnt auch unsere Fotografien zu prägen. Schließlich erheben wir ›unsere Zeit‹ sogar zum fotografischen Hauptthema des ganzen Semesters und für Dich und Deine Kollegen zum Inhalt des Abschlußdiploms von 1965.

Und viele Jahre später sehe ich zum ersten Mal ›United Colors of Benetton‹, und es ist mir sofort klar, daß viele Leute diese hervorragend gestalteten Fotografien nur mit Mühe verstehen werden. […]

Du bis weit gegangen, Oliviero, und ein bewunderswerter und großzügiger Auftraggeber hat Dich das sagen lassen, was Du immer schon sagen wolltest, was Dir damals in Deiner Ausbildungszeit ein zentrales Anliegen war, nämlich in jedem Falle auch ein politisches Engagement in Deine Arbeit einfließen lassen zu wollen. Dies ist Dir bei Benetton unterschiedlich überzeugend gelungen. Und es tauchen bei mir die unterschiedlichsten Fragen auf ...

Warum soll die Werbung für Kleidung nur mit einer Mannequin-Wirklichkeit von Schönheit und Unbeschwertheit operieren, wo wir doch umgeben sind von Problemen und ungelösten Fragen? Wenn sich die Werbung schon das Recht herausnimmt, uns täglich mit all diesen leichten und stereotypen Halbwahrheiten zu beeinflussen, warum wird dann den ernsten Tatsachen unserer alltäglichen Realität dort der Platz verwehrt, wo sie am meisten gesehen werden, nämlich auf der Straße, im öffentlichen Raum und an den Plakatwänden?«

Walter Binder hat mich viel gelehrt. Eines Tages wurden wir von der Schule in den Zürcher Zoo geschickt, um Bären zu studieren. Einer von ihnen drehte sich unaufhörlich im Kreis, da er unter Hospitalismus litt; es war wirklich schlimm mitanzusehen. Unser Zeichenprofessor, Karl Schmidt, ein großartiger Mensch, sagte zu mir:

»Oliviero, wähle den Moment, in dem Dir die Stellung des Bären am besten gefällt und zeichne ihn dann!«

Jeden Donnerstag gingen wir wieder in den Zoo. Jedesmal zeichnete ich meinen Bären neu. Jedesmal fand ich eine neue Haltung, die mir besser gefiel als die vorhergehende. Einmal war es die gesamte Pose, dann die bedrohlich aufgerissene Schnauze und dazu sein Blick, ein drittes Mal die Plazierung der Pfoten. Ich verstand bald: Die Darstellungsmöglichkeiten waren endlos! Der Bär zog jeden Tag hinter den Gitterstäben dieselben Kreise, und dennoch war jede Sekunde reich und interessant. Ich schulte mein Auge. Ich entdeckte, daß selbst die einfachste, immer wieder gleiche Bewegung vor Anregungen und Formen nur so strotzt.

Während einer anderen Vorlesung galt es, den menschlichen Körper zu zeichnen. Ich versuchte, einen Arm mit Muskeln zu skizzieren, aber es gelang mir nicht, so sehr ich mich auch quälte – absolute Frustration! Verfluchter Mist, ich wollte schließlich Fotograf werden! Der Professor gab mir daraufhin folgenden bemerkenswerten Rat:

»Oliviero, Du bist kein Maler, Du versuchst nicht einmal, einer zu werden! Wenn Du den menschlichen Körper schon nicht malen willst, dann halte nur die Körper an sich fest, die Luft zwischen den Körpern oder den Raum drumherum…«

Langsam fing ich an zu verstehen. Um etwas zu erschaffen, muß man den Blick verändern, für sich einen Ansatzpunkt finden, eine Vision entwickeln, sich ohne Unterlaß darin üben, die Regeln zu ändern, Schwierigkeiten positiv umsetzen, mit sich selbst ringen, um Klischees zu vermeiden. Ich begann, anstelle der Objekte die Räume zu zeichnen. Ich lernte, die Formen um die Dinge, um die Buchstaben oder um die Farben herum zu entdecken. Heute mache ich das ganz automatisch. Die Räume zwischen den Formen springen mir sogleich ins Auge. Zum Beispiel sehe ich zwischen zwei S eine Frau! Ich habe einen Blick dafür, ob die Körper im richtigen Abstand zueinander angeordnet sind oder nicht. Ich habe auch die Lektion vom Bären in seinem Käfig verinnerlicht. Betrachten ist ein schöpferischer Akt. Da die Bewegung unendlich ist, bist du es, der über den Moment entscheidet, in dem das Bild Gestalt annimmt – du bist derjenige, der die Zeit erschafft, die verrinnt, der sie einfriert oder sie verwandelt, je nach deiner Vorgehensweise.

Ja, ich bin mir sicher:
»The times they are a-changin'« (Bob Dylan)

Im ersten Jahr studierten wir an der Schule Zeichnen, Modellieren, Grafik bis hin zur Organisation von Happenings. Wir arbeiteten mit Grafikern, Designern, Malern, Architekten unter ständigen Diskussionen und Infragestellung unsererselbst. Es herrschte eine phantastische kreative Atmosphäre. Mir war schnell klar, daß mir die Fotografie am meisten lag, und ihr widmete ich mich sowohl während wie auch nach der Schule. Damals ging ich häufig in Konzerte, ich machte Fotos der Bands und der Musiker, aber vor allen Dingen des Publikums. Ich machte Aufnahmen der ausflippenden Mädchen, ihrer komischen Verrenkungen, ihrer Gesichter und wilden Tänze. *Sie* interessierten mich, meine Generation mit all ihren Farben, der Energie und der Lebenslust – und weniger die Gitarristen. Für uns gab es keinen Unterschied zwischen dem Publikum in den Konzerten und den Sängern auf der Bühne. Die Musiker und die Menge waren Teil derselben Bewegung, die Lieder drückten das aus, was wir alle dachten, die Künstler waren unsresgleichen und keine entrückten Idole wie im entmutigenden Starsystem von heute. Ich veröffentlichte die Fotos in Zeitungen, die sich für diese Ikonen zu interessieren begannen, die die Jugend auf Trab brachten, vor allem im *Europeo*. Dafür bekam ich ein bißchen Geld und konnte per Anhalter nach London, Paris oder Mailand fahren.

Auf der Schule bestand eine unserer ersten Arbeiten darin, Aufnahmen eines ganz normalen Eis vor einem weißen

Hintergrund und im Format 19 x 19 zu machen. Auf dem ersten Foto sollte die Textur erkennbar sein, auf dem zweiten die Silhouette, auf dem dritten ein eigenes Arrangement undsoweiter. Ich war wohl der 101. Schüler, der diese Arbeit ausführen sollte. Als ich die 400 Fotografien meiner Vorgänger sah, verstand ich. Keine glich der anderen! Jede zeigte eine so noch nie dagewesene persönliche Sicht eines weißen Eis vor weißem Hintergrund. Hier war es die besondere Beleuchtung, dort waren es die Schatten und woanders die stilistische Eigenart. Ich wurde erneut mit der Unendlichkeit der Schöpfungskraft konfrontiert. Und mit dem Fehlen von Regeln und akademischer Strenge. Ich hatte meine Lektion gelernt. Bis heute habe ich mir diese kritische Einstellung erhalten. Die Kreativität bleibt die Domäne des Zweifels, der Suche, der Krise und der Fragilität. Wenn du dich nicht selbst riskierst, wenn du es nicht wagst, dem Unbekannten entgegenzutreten, erschaffst du nur wieder etwas, das es schon gibt, du gibst den Klischees und falschen Gewohnheiten nach.

Manchmal denke ich: »Ich habe keine Zeit, um das zu machen«, oder auch »Mir fehlt es an Freiraum«. Und so stelle ich mich erneut in Frage und sage mir: »Ich möchte von diesen Schwierigkeiten profitieren, die Barriere überwinden und Zeit und Raum neu erschaffen«. Ich habe das Zweifeln gelernt, und ich habe auch gelernt, allen zu trotzen und trotz alledem zu lieben. Zu jener Zeit liebte ich den berühmten Song von Bob Dylan »The times they are a-changin'«.

Mailand: In der Bar Jamaica fragt mich ein Typ in Anzug und Krawatte: »Sind Sie Fotograf?«

Ich verließ die Zürcher Schule am 30. März 1965. Bereits davor, 1964, hatte ich einen kleinen Fotowettbewerb gewonnen. Zu dem Preis gehörte ein Ticket, mit dem ich auf allen fünf Kontinenten acht Monate lang reisen konnte. Ich flog um die ganze Welt, die Kamera immer um den Hals, und ich kam mir vor wie bei einer Reise zum Mond! Ich war gerade 22 Jahre alt. Ich kam in Singapur oder New York an, und schon tauchte ich ganz allein in die Städte ein und fotografierte unbekannte Welten, ganz wie es sich aus Begegnungen und der Inspiration heraus ergab. Das war vermutlich die beste Schule, die ich je besuchte. Ich wohnte gewissermaßen im Flugzeug, am Rande der Welt. Und die Stewardessen waren damals alle jünger als 25 …

Mit dem Abgang von der Kunstgewerbeschule stand ich dem Arbeitsmarkt, wie man so schön sagt, als »Freiberufler« zur Verfügung. Ich wohnte in Mailand und ging jeden Abend aus. Meine Stammkneipe war das Jamaica, ein Laden voller Künstler, Musiker und junger Maler, die Zeit war im rasanten Umbruch: Alle Jugendlichen lauschten den durchgedrehten Texten der Popmusik, das Design veränderte die Cafés und die Inneneinrichtungen, Mailand amüsierte sich, die Stadt war in Bewegung, nachdem die liberale Mitte die konservative Rechte abgelöst hatte.

Eines Tages sprach mich im Jamaica ein etwa vierzigjähriger sympathischer Typ im Anzug an. Wir diskutierten über dies und das, ich erzählte ihm von meinen Anfängen als Fotograf, von der Zürcher Schule und ähnliches mehr. Der

Typ erklärte, er sei der künstlerische Leiter einer Werbeagentur und auf der Suche nach jungen Fotografen. Er arbeitete mit dem italienischen Staat zusammen und wollte in
jenen Tagen ein neuartiges Synthetikgewebe lancieren, ein
Acryl, das die Konfektion revolutionieren sollte. Und er
hatte ein großes Problem, da alle Fotos, die die Agentur-
Fotografen bislang gemacht hatten, ihm nicht gefielen –
aber wirklich überhaupt nicht! Sie wirkten althergebracht,
schlicht angestaubt. Was man brauchte, war ein neuer Blick.
Er wollte Aufnahmen dreier Mädchen, die wirklich voll der
Zeit entsprechen sollten, und er fragte mich, ob ich mich
darum kümmern wolle.

Ich sagte sofort zu. Am nächsten Tag ging ich zum Ausgang eines Mailänder Gymnasiums und paßte drei süße Mä-
dels ab. Ich verabredete mich mit ihnen in einer bestimmten
Straße in Mailand, lieh mir ein Fahrrad und kaufte drei ge-
streifte T-Shirts. Zum vereinbarten Termin trafen die Mädchen ein. Sie kletterten zu dritt auf das Fahrrad und hatten
für eine halbe Stunde einen Mordsspaß. Bei meinen Streif-
zügen auf den Rockkonzerten hatte ich mir angewöhnt, fröh-
liche und frische Momentaufnahmen zu machen. Ich ver-
schoß einen ganzen Film, alle 36 Aufnahmen. Daraus wählte
ich zehn aus und schickte sie dem Typ von der Agentur.

Zehn Tage vergingen, und ich hatte die Sache bereits vergessen. Da ruft eines Abends völlig aufgeregt der Krawat-
tenmann bei mir zu Hause an:«Oliviero, Deine Fotos haben
alle vom Hocker gerissen! Der große Boß in Rom möchte,
daß Du die Kampagne machst. Er hat wortwörtlich gesagt:
»Das ist der neue Stil, ich will diesen Fotografen!«

Ich stottere irgend etwas Dummes daher, da fährt der Typ fort: »Oliviero, hör mir genau zu, Dein Leben wird sich jetzt gewaltig ändern … Ich bin der künstlerische Leiter einer sehr großen Agentur. Hier in Italien arbeiten wir noch auf die altmodische Art und Weise. Du mußt mir helfen …«

»Aber wie denn?«

»Du wirst nach Rom kommen und mit der Geschäftsleitung sprechen. Du wirst fordern, daß wir unsere Arbeitsweise ändern. Du wirst ihnen sagen, daß wir mit Mannequins aus Paris, modernen Frauen, zusammenarbeiten müssen und daß wir uns verschiedene ansehen müssen, bevor wir eine Auswahl treffen …«

»Gut …«

»Du wirst sagen, daß Du nur 24 x 36 verwendest …«

»Aber ich arbeite sowieso nur mit 24 x 36!«

»Sehr gut … Wir werden sie in der Schweiz entwickeln und abziehen lassen. Du wirst ihnen sagen, daß man für eine bessere Qualität 35 mm braucht …«

»Va bene …«

»Du wirst außerdem sagen, daß es Dir unmöglich ist, mehr als ein Foto am Tag zu machen, daß Du zum Arbeiten Zeit brauchst!«

»Das soll ich alles fordern?«

»Ja! Wir müssen unsere gesamte Arbeitsweise ändern, und Du kommst mir gerade recht! Und jetzt hör zu, am Ende verlangst Du für jedes Foto 300 000 Lire …«

»Mamma mia!«

»Das ist der Preis für das Talent Oliviero … Man muß das Talent locken, verstehst Du?«

Einige Tage später stellte ich mich bei der Geschäftsleitung der Agentur vor. Fünfzehn Personen erwarteten mich in einem Konferenzraum. Verklemmte Beamte, die keinerlei Vorstellung von der Person hatten, die gleich hereinkommen sollte. Als sie mich sahen, fielen ihnen fast die Augen aus dem Kopf. Ich war angezogen wie ein Papagei, schreiendgelb und kardinalsrot, trug Ringe und lange Haare. Ein Paradiesvogel in einem Wald grauer Anzüge. Die meisten von ihnen waren zwischen 40 und 50, und alle sahen älter aus. Als ich sie mir so ansah, verstand ich, daß sich die italienische Gesellschaft tatsächlich im Umbruch befinden mußte. Wenn solche Leute sich an mich wandten, dann war wirklich Bewegung in die Gemüter gekommen. Ihre erste Reaktion: »Wir hätten nicht gedacht, daß Sie so jung sind«. Ich fühlte, daß sie schockiert, zumindest beunruhigt waren. Warum wählte die Geschäftsleitung einen dreiundzwanzigjährigen Ausgeflippten für die Lancierung einer solchen Kampagne? Damals hatten junge Leute keine Chance, sie wurden wie kleine Kinder oder Sklaven behandelt. Sie mußten sich erst die Haare schneiden lassen, gehorchen und die Klappe halten.

Doch der oberste Boß und der künstlerische Leiter forderten mich auf, Platz zu nehmen, und präsentierten meine Fotos. Sie gratulierten mir. Sie wollten, daß ich eine neue Serie im selben Stil machte. Schließlich fragten sie mich: »Und mit den kommenden Fotos, wie wollen Sie da vorgehen?« Ich antwortete genau das, wozu mir mein Komplize geraten hatte, nämlich: Mädchen aus Mannequin-Agenturen auswählen, mit 24 x 36 arbeiten, ein Foto am Tag, 300000 Lire pro Foto. Und ich fügte noch schnell hinzu: »Und die Hälfte jeweils im voraus«.

Allgemeine Bestürzung. Die grauen Anzüge verdienten damals keine 300 000 Lire im Monat. Ein Produktionsdirektor protestierte: »Aber das geht doch nicht, mit 24 x 36 zu arbeiten«. Der künstlerische Leiter sprang mir bei und drückte seinen Standpunkt durch. Mit meiner Hilfe, mit mir als Sprecher der neuen Generation, konnte er sich endlich gegen diese Bande von Bürokraten durchsetzen.

Ich durchlebte die Fabel von der Grille und der Ameise
– allerdings mit Happy-End für die Grille

Ich machte die Serie drei Tage später. Die Fotos sollten bald darauf in *Il Giorno* veröffentlicht werden, der ersten italienischen Zeitung, die doppelseitige Werbung in Farbe druckte. In der Folgezeit arbeitete ich weiterhin für diese Agentur, während ich auch meine Reportagen im Rockmilieu fortführte. Ich hatte viel Glück gehabt. Ich verdiente genug, um auf meine Weise, zu meinen Zeiten und frei zu leben. Ich perfektionierte meine Sehkultur und verschlang sämtliche Magazine. Ich liebte die Fotos von William Klein über New York, die Filme von Méliès, Luftaufnahmen von Städten, den Film *Mit der Faust in der Tasche* von Bellochio und die Filme von Jacques Tati. Ich besuchte das Festival des experimentellen Films in Knokke. Ich erinnere mich an den Film *Unsere Liebe Frau von den Türken* von Carmelo Bene. Darin war eine Heilige Jungfrau mit Heiligenschein und blauem Mantel zu sehen, die, darunter sehr spärlich bekleidet, auf einem zerwühlten Bett saß, rauchte und dabei das Frauenmagazin *Annabella* las. Ich liebte es, unvermutet aus den gewohnten Bahnen geworfen zu werden, wie schon seinerzeit durch die Postkarten von De Chirico, die mir meine Schwester schenkte, als ich noch ein Junge war.

Ich ging aus ohne Unterlaß. Damals ging man jeden Abend tanzen, man kaufte verrückte Klamotten, und die Frauen emanzipierten sich. Es war wie die Geschichte von der Grille und der Ameise, diesmal anders herum. Die grauen Anzüge arbeiteten den ganzen Sommer, sammelten wenig Geld an, waren traurig und langweilten sich. Sie mokierten sich über uns, die Hippies, die fröhlichen, unbesorgten Grillen, die sangen und sich pausenlos amüsierten. So weit, so gut... Als der Winter ins Land zieht, arbeitet die Ameise immer noch, zu Hause eingeschlossen oder im Büro. Da läutet es eines Abends an ihrer Tür. Es ist die Grille, hinter dem Steuer eines tollen Autos und von ein paar schönen Frauen umgeben. Sie ist auf der Fahrt nach Paris. Ein Impresario hatte sie während des Sommers entdeckt, als sie sang! Er hat ihr einen großartigen Vertrag – mit einem prächtigen Vorschuß und einer Wohnung in Paris – für den Winter angeboten. Die Ameise gratuliert ihr, und dann bittet sie sie um einen großen Gefallen.

»Was soll ich tun?« fragt die Grille.

»Wenn Du in Paris bist, geh doch bitte in meinem Namen zu einem gewissen La Fontaine, diesem alten Moralisten... und richte ihm aus, er soll sich seine dämlichen Fabeln in den Arsch schieben!«

Wir waren eine Generation von Grillen. Viele von uns waren Künstler, Sänger, Fotografen, Filmemacher; wir lebten nur für das Vergnügen, wir wollten den Krieg vergessen, die Tragödien unserer Eltern, und unsere eigene Lebensart kreieren. Viele von uns haben es geschafft, die Gesellschaft der Ameisen zu verführen und sie zur Weiterentwicklung zu treiben, viele haben ihren Stil durchgesetzt und die Métro-boulot-dodo-Kultur – den ewigen Alltagstrott aus Metro, Maloche und Matratze – spürbar verändert.

Der Stil der Rockmusik inspiriert die gesamte Presse
und erobert die Modefotografie

Da ich so häufig für Rockmusikzeitschriften arbeitete, wandten sich auch viele Modemagazine an mich. Rock und Pop befruchteten mit ihren Exzessen und ihrer zügellosen Freizügigkeit den Stil der damaligen Zeit. Schubladen-Denken habe ich schon immer verachtet, etwa Werbefotos strikt auf der einen und Reportagefotos auf der anderen Seite. All diese Klassifizierungen schränken das Denken ein. Sämtliche Fotos informieren uns, bewegen uns, regen uns zum Nachdenken an. Wenn die Erde eines fernen Tages nichts mehr als eine Fundgrube archäologischer Ausgrabungsstücke sein wird, werden die Forscher keinen Unterschied machen zwischen einem Werbefoto, einer Kriegsreportage oder einem Porträt. Jedes Foto wird ein Dokument sein. Schluß mit den unnützen Etiketten! Heutzutage strotzt ein Werbefoto vor Bedeutungslosigkeit und Plattheit, da immer nur »Werbung« gemacht werden soll. Die Fotografie hat besseres verdient als diese internen Querelen. Sie ist nicht die arme Verwandte der Malerei und auch nicht die des Kinos.

Sie war lange Zeit die Kunst, die als Vorreiterin das Bild der Moderne geprägt hat, und sie wird es noch einige Zeit bleiben. Selbst das Fernsehen kann sie nicht verdrängen.

Sicherlich kommuniziert der Mensch auch über Architektur, Filme und große Fernsehsendungen, aber die Kosten dafür steigen so immens (von der obligatorischen Zusammenarbeit mit schwerfälligen Teams mal ganz zu schweigen), daß sich dies als immer schwierigeres Unterfangen erweist. Dagegen kann das schlichteste Foto zu einem faszinierenden Dokument werden. Es eröffnet eine ganze Welt des Ausdrucks und der Kommunikation, die dem einzelnen schöpferischen Individuum zur Verfügung steht. Es geht immer von der Wirklichkeit aus, auch dann, wenn es diese verändert, bricht oder ausradiert. Das Objektiv öffnet und schließt sich wieder, läßt in der kurzen Zeit nur einen winzigen Lichtstrahl hinein, und dann geschieht das Wunder.

Selbst die blödesten Fotos von unserer Erstkommunion sind historische Dokumente. Ein vergessenes Paßbild aus dem Automaten wird einige Jahre später zu einem genialen Porträt. Alle alten Fotos rühren unser Herz. Ein Schnappschuß, den wir damals für häßlich oder mißlungen hielten, erscheint uns eines Tages wie ein unersetzliches Dokument. Die Fotografie vereint große Kunst mit dokumentarischen Werten. Sie ist ein immerwährender Appell, zu träumen und sich zu erinnern, und ein Werkzeug der Sozialkritik.

Die siebziger Jahre – Zusammenarbeit mit Elle, Vogue, Donna, Moda: Schauspieler als Models

1965 mußte das Modefoto erneuert und weiterentwickelt, den neuen Gesellschaftsströmungen angepaßt werden. Denken Sie nur daran, daß damals eine der Chefredakteurinnen der *Vogue* noch gefeuert werden konnte, weil sie ein schwarzes Mannequin auf der Titelseite genehmigt hatte. Die Rockmusik, der Stil der Straße, die neuen Gesichter der Mädchen, die Veränderungen in Einstellungen und Sitten hatten die traditionelle Bilderwelt der Mode durcheinandergerüttelt. Zwischen 1965 und 1970 arbeitete ich an mehreren italienischen Modezeitschriften mit, wie *Donna, Moda, Vogue*. Ich war sogar an ihrem Entstehen beteiligt und machte viele Porträtaufnahmen. Für die *Vogue Hommes* setzte ich Schauspieler als Models ein – ich entsinne mich an Gérard Depardieu und Patrick Dewaere in ihrer Anfangszeit –, aber auch Rocksänger, bekannte Journalisten, ja sogar Politiker. Das war das erste Mal, daß jemand etwas in dieser Art machte. Heute ist alles anders, die Mannequins sind omnipräsent, sie halten sich für Stars oder gar für Schauspielerinnen, sie posieren für nachgestellte Filmszenen, sie, die kaum vernünftig laufen können!

Ich machte auch Modefotos auf der Straße, inmitten der Passanten in der Art William Kleins. Ich liebte schon damals die Vermischung der Genres und die Änderungen des Kontextes, das Unerwartete.

Ich arbeitete lange Zeit für *Elle Paris* und war beim Start der ersten ausländischen Ausgaben von *Elle* beteiligt. So kenne ich die kleine Modewelt als Insider recht gut. Die Moderedakteurinnen heißen bei mir »les Misérables«, die Elenden. Sie kleiden sich bevorzugt schwarz, sind immer traurig oder wütend, brechen zusammen unter der Last ihrer enormen Verantwortung – das heißt den neuesten Trend anzukündigen – oder ihrer Chanel- oder Pradahandtaschen. Ich freue mich, daß ihre Arbeit nach den langen Jahren der Mißachtung jetzt endlich anerkannt wird. Auf dem Fotoset sind sie unerläßlich geworden. Sie wissen, wo man die richtigen Accessoires findet, sie entscheiden über die Farbkombinationen, sie entdecken Geschmacksverirrungen und Stilbrüche. Aber sie können auch Schlangen sein. Ich weiß von einer, die Armani durch den Dreck zieht, wenn sie mit Versace plaudert, Versace fertigmacht, wenn sie mit Ferré spricht, die aber immer zur Rechten des Schneiders zu finden ist, wenn er Champagner anbietet. Eine Welt von Klatschweibern: oberflächlich, snobistisch, hochnäsig, aber immer ängstlich darauf bedacht, die alte Haut zu jeder Saison rechtzeitig abzuwerfen!

Der vulgäre, aufdringliche Luxus eines Valentino gefällt mir nicht. Für mich hat er in den fünfziger Jahren aufgehört, schöpferisch tätig zu sein. Jetzt kleidet er die müßigen Damen der Bourgeoisie ein, die den ganzen Tag am Telefon verbringen.

Gianni Versace sollte mit seinen so überreichen und überladenen Outfits eigentlich Stylist des Vatikans sein. Ich könnte ihn mir sehr gut dabei vorstellen, wie er den Hermelin von Johannes Paul II. und die Soutanen des Klerus neu entwirft. Versace ist ein Südländer griechisch-lateinischer Prägung, sehr amüsant und fröhlich. Er glaubt mit einem frommen Ernst, es sei eine missionarische Aufgabe, sich zu präsentieren und zu kokettieren. Er liebt es, die Dinge zu bunt zu machen und mit zu vielen Details zu überfrachten, er hat einfach zuviel Geschmack! Es ist seine Fröhlichkeit, die ihn rettet. Jede seiner Modeschauen wird zu einer großen religiösen Weihehandlung, so voller Weihrauchschwaden, als ob er mit dem Vatikanischen Konzil konkurrieren wollte.

Karl Lagerfeld schreckt vor Armut, Elend und Häßlichkeit zurück. Ich stelle mir immer vor, daß er sich sein Gesicht mit seinem Schal bedeckt, wenn er in seiner Luxuslimousine durch ein ärmliches Viertel fährt. Er erträgt es nicht, wenn man mit ihm über das Elend sprechen will, ähnlich jenen Leute, die sich weigern, in einen realistischen Dokumentarfilm über ein geschundenes Land oder eine Ausstellung zu gehen, die Häßlichkeit oder Geschmacklosigkeiten präsentiert. Er entledigt sich seines Schals erst, wenn er in Monte Carlo ankommt.

Calvin Klein ist ein Fotokopierer.

Issey Miyake ist und bleibt mein Lieblingsmodeschöpfer. Er bekennt sich zu seiner japanischen Kultur, wahrt ihre Qualität und die Schlichtheit der Formen; er hat sich die westliche Ironie und Vorurteilslosigkeit zu eigen gemacht und mit neuen Inhalten gefüllt.

Gianfranco Ferré ist der Stylist für die italienischen Bürgermeister. Alles, was er vorstellt, hat ein so offizielles Gepräge mit all diesen Streifen und Schärpen! Wenn man ihm damals, als er 1968 vor der Fakultät für Architektur demonstrierte, gesagt hätte: »Gianfranco, Du wirst einmal Couturier«, hätte er sich an Ort und Stelle umgebracht.

Gaultier bewundere ich. Er ist einer der wenigen Stylisten, die die Sprache unserer Zeit sprechen, der es wagt, absurde, futuristische, scheinbar unnütze, einfach alles vereinende Outfits zu erfinden. Wenn man eine Modenschau von Gaultier besucht, wird man das Gefühl nicht los, ein Stück Eisen im Mund zu haben. Das hat alles einen herben und ungewohnten Geschmack.

Moschino war ein genialer Meister des Bildes. Seine Werbung hat mir immer gefallen, sie war innovativ und kritisch.

Ralph Lauren entwirft eh nur all das, was schon entworfen worden ist.

Die begnadetste, verrückteste, revolutionärste Modeschöpferin ist und bleibt für mich Vivianne Westwood. Auch sie hat es verstanden, die starken und verwirrenden Strömungen unserer Zeit – Punk, Dekadenz, Überspanntheit – aufzunehmen. Sie läßt sich nicht davon beeindrucken, ob sie etwas verkauft oder ob es allen gefällt.

Heutzutage gibt es keine Erneuerung mehr in der Mode. Sie dreht sich im Kreis, nervt das Publikum und hat keine Überraschungen mehr zu bieten. Die Industrie tötet sie, indem sie den Modeschöpfern die rigorosen Marketing-Regeln aufzwingt. Die Zahl derer, die sich zwischen der Mode und dem Markt drängeln, hat sich verzehnfacht, und sie sind es, die heutzutage ihr Gesetz den anderen aufzwingen, nämlich Verkaufen um jeden Preis. Eine einzige talentierte und mutige Modeschöpferin wie Westwood scheint mir heute für die Mode gewinnbringender zu sein als alle Marketingschergen zusammen.

1979: Mit dem Modehaus Esprit lanciere ich die Kampagne
»Real People«, wahre Menschen posieren für die Werbung

1978 rief mich die Modefirma Esprit aus San Francisco an, die in den Vereinigten Staaten schon für ihre Basic-Kleidung – T-Shirts, Polohemden, Hemden etc. – bekannt war, und bat mich, ihre Werbung in die Hand zu nehmen. Der Chef, Doug Tompkins, schätzte meine Modefotos von der Straße. Er ist ein einfacher Mann, trägt immer Jeans und ist nicht im geringsten eingebildet. Auch heute noch schläft er, der Multimillionär, bei Freunden auf dem Sofa, wenn er durch Italien reist. Er ist sich und seinem Engagement für die Umwelt sein ganzes Leben lang treu geblieben. Er liebt weite Reisen, Abenteuer, die Natur und extreme Sportarten wie Bergsteigen oder Kajakfahren.

Zunächst änderte ich das Logo der Marke, daraufhin die Kataloge und die Werbung. Ich begann damit, ganz normale Menschen zu fotografieren, Schüler und Studenten, die Esprit-Klamotten trugen. Ich hatte damals schon kein Vertrauen mehr in Models, denn das Publikum, das in den Boutiquen einkaufte, hatte mit ihnen nicht mehr das geringste gemeinsam. Ich habe schon immer die Fotos von August Sander bewundert, diese Alltagsmenschen, die bei ihrer Arbeit so schnörkellos, so authentisch – wahr – aufgenommen worden waren. Die Faschisten empfanden sie wohl als subversiv, da sie Sanders Archive zerstören ließen.

1979 lancierte ich für Esprit »The Real People Campaign«. Ich richtete in verschiedenen Espritläden ein Ministudio ein – ein einfacher weißer Hintergrund und nicht mehr – und fotografierte die Kunden. In den Anzeigen bildeten wir sie zusammen mit einem kleinen Interview ab, einem geistreichen Satz, der ihnen eingefallen war. Ich erinnere mich an einen Schüler, der sagte: »Ich habe beim Liebemachen mehr als beim Philosophie-Büffeln gelernt«. Die »wahren Leute« brachen mit ihren Gesichtern und Weltansichten in die Werbung ein. Für Esprit war dies eine Möglichkeit, vor ihnen den Hut zu ziehen und einen näheren Bezug zu ihnen zu bekommen. Das war eine echte Premiere.

Doug Tompkins verstand sofort, daß der wahre Wert eines Produktes von der Kommunikation abhängt. Besonders die japanischen Marken haben das verstanden, wie z. B. Seibu, die Ladenkette mit ihren träumerischen oder komischen, in jedem Fall immer etwas schrägen Plakaten (ein nacktes Kind, das mit weit aufgerissenen Augen unter Wasser paddelt, oder Woody Allen, der mit todernstem Gesicht erklärt: »Das Leben ist wunderbar«).

Nach unserer Kampagne hatte das Esprit-Image, der »Real People«-Slogan, einen hohen Wiedererkennungswert. Später setzte Esprit diese Linie fort. Sie erinnern sich vielleicht an die Geschichte des Botenjungen, der in eines der Fotostudios kam. Er hatte ein markantes, hartes, von der Maloche gezeichnetes Gesicht. Die Leute von Esprit fragten ihn, ob sie nicht ein Foto von ihm für »Real People« machen dürften. Er war einverstanden. Er wurde gefragt: »Was würden Sie machen, um die Welt zu verändern?« Seine Antwort: »Ich wollte, daß jeder mal zwei Tage seines Lebens ohne einen Pfennig in der Tasche auf der Straße verbringt, dann hätte auch jeder einen besseren Durchblick.« Das Foto des Botenjungen mit seinem Charakterkopf, der Tasche um den Hals und dem Spruch ging um die Welt. Heutzutage traut sich die Werbung nicht mehr, diese Art von Bildern zu erschaffen. Sie zeigt nur noch das Produkt, und damit hat es sich!

Mittlerweile hat Doug Tompkins Esprit verlassen. Er hat sich nach Chile zurückgezogen, wo er ein riesiges Stück Land von abertausenden Hektar gekauft hat, die er in ein Umweltreservat verwandelt hat, in dem nichts verändert werden darf. Die chilenische Regierung ist beunruhigt, da sie an so viel Umweltliebe bei einem Multimillionär nicht glauben mag. Da muß doch etwas dahinterstecken! Doug hat auch eine Umweltstiftung ins Leben gerufen. Normalerweise flanieren Multimillionäre durch Monaco, Miami, auf der Croisette oder durch Saint-Tropez, um anzugeben. Er nicht. Er reist weiterhin in Jeans und Turnschuhen und übernachtet immer noch bei Freunden auf dem Sofa. Vor einigen Jahren, als ich – nach internen Grabenkämpfen mit der Marketingleitung – Benetton meinen Rücktritt anbot, schrieb er einen außergewöhnlichen Brief an Luciano, um mir den Rücken zu stärken. Darin stand der bemerkenswerte Satz: »Du läßt einen Schöpfer ziehen, um ihn durch einen ›Hund‹ zu ersetzen, eine Marketing-Töle, die man überall findet.«

Winter 1983: Während ich bei der Geburt eines Fohlens helfe, klingelt das Telefon. Es ist Luciano Benetton

Während meiner Zusammenarbeit mit Esprit setzte ich meine Arbeit für die großen Modezeitschriften fort. Ich richtete je ein Studio in New York und in Paris ein. In der

Zwischenzeit war ich dem italienischen *Partito Radicale* bei-
getreten, der Partei Marco Pannellas, eine der radikalsten
politischen Bewegungen in Europa. Diese Partei war eine
der ersten, die sich für die Umwelt engagierte, gegen die be-
klagenswerte Lage der Strafgefangenen im Normalvollzug
protestierte (denen es nicht erlaubt ist, mit ihren Frauen zu
schlafen, wie es zum Beispiel in Schweden üblich ist) oder
sich für die Legalisierung von Cannabis einsetzte. Und sie
war die erste, die eine Pornodarstellerin als Abgeordnete
aufstellte. Uns beflügelte ein avantgardistischer Geist, wir
griffen die Themen auf, die die traditionellen Parteien mit
Verachtung straften. Beim *Partito Radicale* half ich beim
Entwurf politischer Plakate, bei Wahlkampagnen und ähnliches mehr. Wieder einmal Kommunikation! Damit beschäf-
tige ich mich auch heute noch.

In den siebziger Jahren widmete ich mich zudem dem
Image des Kleidungskonzerns Fiorucci, der in der Szene
berühmt-berüchtigt ist für seine Extravaganzen, seine bunten und grellen Outfits, seine modernen Dessins, seine syn-
thetischen Materialien. Fiorucci war ein großer Erneuerer.
Er war einer der ersten, die die Auffassung vertraten, Mode
habe nichts mit Schneiderei und Schönheit zu tun, sondern
mit der jeweiligen Einstellung und Lebensweise. Eine Frau
mußte jetzt nicht mehr schön sein, um über Stil oder Charakter verfügen zu können. Dank Fiorucci gab es für sie nun
tragbare, ungewöhnliche Outfits, Pantherhosen aus Plastik,
durchsichtige Taschen, Schuhe mit Plateausohlen, elasti-
sche Jeans. Der Stil wurde persönlicher. Dementsprechend
gestaltete ich die Plakate für die Werbung und für die

Läden. Ich fotografierte provozierende, amüsante und sehr erotische Mädchen in hautengen Klamotten und knalligen Farben auf der Straße oder in amerikanischen Diner-Restaurants. Mein witzigstes Foto zeigte einen Weihnachtsmann mit heruntergelassenen roten Hosen, der es gerade fröhlich mit einem Mädchen in Fiorucci-Klamotten treibt und dazu die Weihnachtsglocke läutet.

Es war Elio Fiorucci, der mich 1982 Luciano Benetton vorstellte, in dem Jahr, in dem dieser die Hälfte der Benetton-Geschäftsanteile zurückkaufte. Damals dachte ich, Benetton mache einen Fehler, wenn es sich auf dem Markt nur als eine weitere Prêt-à-Porter-Marke präsentierte. Meiner Meinung nach sollte das Unternehmen zeigen, daß es sich mit seiner Zeit identifizierte und die neue Lebensart verstanden hatte. Ein Jahr später wandte sich Luciano an mich. In seiner Autobiographie beschreibt er, wie sich das zutrug. Es ist eine nette Geschichte:

»Die Zusammenarbeit mit Oliviero begann in einem Pferdestall in einer Winternacht 1983, in der ich Toscani anrief. Es war kurz vor Mitternacht. Oliviero war wieder einmal in den Ställen. Eine seiner Appaloosa-Stuten bekam eben ein Fohlen, und er half ihr bei der Geburt. Mein Anruf wurde ihm durchgestellt, und er nahm den Hörer im Stall ab. ›Ciao Oliviero‹, begann ich. ›Hör mal, ich glaube, Du hattest recht, wir brauchen wirklich ein Markenimage.‹

Das Fohlen kam wenige Minuten später zur Welt, und diese nächtliche Stunde voll guter Vorzeichen war der Beginn einer außergewöhnlichen Zusammenarbeit.«

All das geschah innerhalb von fünf Minuten. Ich konnte damals noch nicht wissen, daß ich auf einen so offenen, so wagemutigen Geist treffen würde. Ich hatte immer seine rückhaltlose Unterstützung. Ich bin stolz darauf, daß ich mit dem Geld seiner Marke – ein kleines Budget im Vergleich zu denen der großen Gesellschaften – versuchen durfte, eine neue Art der Kommunikation zu finden.

7
Kreuz – Hakenkreuz – Coca-Cola

»Nehmen Sie nur einmal die großen Modeateliers wie Calvin Klein, Ralph Lauren, etc.: Ihre Werbung zeigt junge schöne Wesen, die vor allem ihre Körper ausstellen und dabei nur sehr wenig anhaben – ein Hemdchen, eine Jeans. Aber Vorsicht, (...) oft deuten diese Bilder (unterschwellig, indirekt) die Vergewaltigung oder das sich Gefügigmachen einer Kindfrau an oder andere Provokationen, denen der Prototyp Macho einfach nicht widerstehen kann.

Seltsamerweise haben die erotischen Wunschträume oder die Vergewaltigungsphantasien in der Reklame für Jugendmode noch niemals Anlaß zur geringsten Klage gegeben. Die Nacktheit im eingängigen Stil der frühen Nazi-Zeit hat noch nie für einen Skandal gesorgt. Offenbar gilt folgende Regel: Solange alles der Vorstellungskraft überlassen bleibt, lassen wir sie in Ruhe. Benetton hat einen anderen Ansatz gewählt. Schritt für Schritt, mit viel Farbe, Suggestion und Verspieltheit, mit einigen eingeflochtenen Mißtönen, nähern sie sich der Realität, um letztendlich mit ihr zu verschmelzen.«

Furio Colombo,
New Yorker Journalist,
in einem Artikel für
Aperture und *Espresso*

Die größte Werbekampagne der Menschheitsgeschichte wurde von Jesus Christus lanciert. Sie lief unter dem universellen Slogan »Liebe Deinen Nächsten«. Und sie hatte ein bemerkenswertes Logo: das Kreuz. Wenn ich das heutzutage vor Werbeleuten ausführe, sind sie alle meiner Meinung. Und dennoch sind es dieselben Leute, die die Benetton-Plakate mit Fotos zum aktuellen Zeitgeschehen als »verwerflich« und »terroristisch« bezeichnen. Und dafür fehlt mir dann jegliches Verständnis! Denn als Jesus und seine Agentur »Die Apostel« die größte Kommunikationskampagne aller Zeiten entwickelten, geschah das eben nicht mit einer respektvollen und glücksverheißenden Bilderwelt. Ganz im Gegenteil! In diesem Clip findet sich einfach alles wieder, was die Werbung verachtet: Ein nackter Mann, der an ein Kreuz genagelt ist, ein Mahl mit einer Kannibalismusparodie, eine Steinigung, Umarmung von Aussätzigen, überall Menschen im Elend, abstoßende Kranke, eine Geburt in einem Viehstall inmitten von Tierscheiße, Stunden beispielloser Qualen, Blut, das unter Hammerschlägen hervorspritzt, der Schmerz einer Mutter an der Seite ihres sterbenden Sohnes. Gar nicht zu reden von der für die damalige Zeit unerhörten Provokation gegen die herrschenden Wertvorstellungen und von der Herausforderung der politischen Macht: der Aufruf zur Solidarität mit den Armen, zur Vergebung der Sünden, zur Hilfe für die Elendigen, zur Nächstenliebe, zum Pazifismus, zum normalen Umgang mit Prostituierten undsoweiter.

Wenn unsere Werbeschaffenden der Kommunikation von Jesus und seinen Aposteln wirklich Respekt zollen wollten, dann sollten sie sich endlich einmal ein Beispiel daran nehmen. Die Jesus-Geschichte beschönigte weder die Leiden noch die Gewalt in der Welt. Sie machte keine Konzessionen an das Sicherheitsbedürfnis ihres Publikums. Sie lancierte die erste große organisierte Kampagne der Geschichte, und dabei wurde eben nicht auf sofortigen Gewinn abgezielt, und es wurden auch nicht die Qualitäten des Produktes direkt angepriesen: das Reich Gottes, das erst nach Jahrhunderten und Aberjahrhunderten des Strebens nach einem moralisch einwandfreien Leben kommen wird. Sie erzählt uns von der Erlösung und der ewigen Glückseligkeit und verheißt uns dies durch einen gekreuzigten Mann im blutigen Lendentuch, nicht durch Claudia Schiffer im Chanel-Höschen. Und diese Kampagne ist seit zwei Jahrtausenden Teil der kollektiven Vorstellungswelt.

Heute fehlt der Werbung der Mut, über das zu promotende Produkt hinauszugehen und die Gelassenheit, nicht auf den schnellen Gewinn zu schielen. In der Renaissance zögerten die Großproduzenten, die Mäzene der Kirche und die Agentur »Vatikan« nicht, die größten schöpferischen Geister ihrer Zeit für ihre Ziele einzusetzen: Michelangelo, Leonardo da Vinci, Raphael und viele andere mehr. Die Kirchen waren jahrhundertelang bedeutende kulturelle Zentren mit

Schulen, Konzerten, großen Musikern, Bibliotheken, Fresken, Skulpturen, Künstlern und Meistern. Die Kirche gab für die Promotion ihres Unternehmens und ihrer Ideen unvorstellbare Summen aus.

Die Werbung von heute setzt hingegen auf Kreative, die, vom Marketing kontrolliert, gefordert sind, den Produktverkauf in den Vordergrund zu stellen und dafür wie am Fließband zu arbeiten. Ein Art Director – nicht einmal Gott käme auf die Idee, sich so zu nennen! –, der in unserer Zeit eine derartige Kampagne vorschlagen würde: ein Jude, der in Gegenwart von drei eingewanderten Königen geboren wird, der alles Leid der Welt auf sich nimmt, der aufs schlimmste gefoltert wird und mit dem Tode ringt – alles live und in Farbe –, der würde zweifellos gefeuert werden.

Auf Hochglanzpapier:
Unnahbare Mannequins als Heilige Jungfrauen

Als der Krieg zu Ende war, war ich drei Jahre alt. Meine ersten echten Emotionen verdanke ich der religiösen Bilderwelt. Aufgrund der Bombardierungen waren wir aus Mailand geflüchtet. Wir lebten auf dem Land in einem Bergdorf in der Nähe von Bergamo. Gegenüber meinem Bett hing ein Herz-Jesu-Bild, das mich sehr beeindruckte. Es zeigte einen aufrechtstehenden Jesus mit Heiligenschein, der in seiner Hand ein blutendes, mit einem Kreuz versehenes Herz hielt. Welch eine Kraft! Wer war das? Was machte er? Jeden Morgen erblickte ich ihn wie Tausende anderer kleiner Kinder in ganz Italien. Meine ästhetische und dramaturgische Grundausbildung erhielt ich durch dieses Bild, das meine Vorstellungskraft anregte.

Ich erinnere mich auch an meine ersten barocken, symbolischen, erschreckenden religiösen Postkarten. Lange Jahre fragte ich mich, was sie wohl bedeuten sollten. Eine ganze Zeitlang glaubte ich, daß die Jungfrau Maria, die das pulsierende Herz Christi hält, ein Porträt der Dorfmetzgerin sei. Damals gab es noch kein Fernsehen und kaum Werbung. Religiöse Stiche, die Bilder im Katechismus, die Gemälde in den Kirchen waren für mich die ersten Medien. Eine einzige Welt der Phantasie und Faszination. Ich entdeckte dort das Mysterium, Blut, verklärte oder weinende Frauen, den Tod, die Ekstase, die Kraft der Symbole. Ich verstand, warum zwei schlichte gekreuzte Linien, das Kreuz, zu einem universellen Logo werden konnten, das eine starke moralische und werbewirksame Kraft in sich trug. Was für eine Kreativität! Das Kreuz verbrennt man nicht. An das Kreuz pinkelt man nicht. Die Menschen schlagen selbst ein Kreuz, wenn sie es sehen. Die Werbung sollte darüber nachdenken: Die Kraft eines solchen Symbols stammt von einem blutüberströmten Typen, der ans Kreuz genagelt wurde, weil er sich mit einem Tyrannen angelegt hatte und die Armen lieben wollte. Weiß Gott kein grafischer Stil!

Die Werbung zehrt immer noch von diesem grundlegenden Beitrag der Agentur »Die Apostel« zur Kommunikation. Sie sucht ohne Unterlaß universelle Logos und Symbole. Sie zerbricht sich den Kopf auf der Suche nach Slogans, die zu ebenso schlichten wie starken Devisen werden könnten wie »Liebe Deinen Nächsten«. Sie überzieht die Magazine mit wunderschönen, unnahbaren Frauen, Heiligen Jungfrauen auf Hochglanzpapier. Aber den gesamten Rest vergißt sie, die ganze erbarmungswürdige Bilderwelt vom Kreuzweg, die Gewalttaten der Soldaten, die geschundenen Körper, den Schmerz, der als Erlösung angenommen wird.

»Sprechen Sie niemals in der Negativform, vermeiden Sie tiefschürfende Texte und Sinngebung, konfrontieren Sie auf keinen Fall das Publikum mit der Wirklichkeit, vereinfachen Sie – stellen Sie sich einfach vor, Sie hätten es mit geistig Minderbemittelten zu tun«, das ist es doch, was den Werbeschaffenden in Seminaren der Aus- und Weiterbildung ununterbrochen eingebleut wird.

So ein Blödsinn!

Skandal: Kampagne für Jesus-Jeans – »Du sollst keine anderen Jeans haben neben mir!«

1966 schloß ich Freundschaft mit einem jungen Industriellen, der T-Shirts und Trikotagen herstellte. (Mittlerweile ist er an Aids gestorben.) Er war der verwöhnte Sohn reicher Eltern, der gerade das Konfektionsunternehmen der Familie in Turin geerbt hatte. Er fuhr mit seinem Ferrari vor meinem Studio am Ticiner Ufer in Mailand vor. Als leidenschaftlicher Liebhaber der Fotografie und schöner Frauen wollte er unbedingt mein Assistent werden. Er war 22 oder 23 Jahre alt, und ich mußte ihm leider erklären, daß Fotograf sein nicht unbedingt heiße, alle Mannequins vernaschen zu können. Dabei war er durchaus mutig: Er hatte Jean-Charles de Castelbajac, der gerade begonnen hatte, sich als Modeschöpfer zu profilieren, eine Kollektion Badeanzüge anvertraut. Ich sagte ihm: »Du solltest Jeans herstellen, die ganze Jugend trägt nichts anderes mehr, Jeans sind eine Lebenseinstellung, ein Erkennungszeichen.«

1969 besuchte er mich in New York und machte mir folgenden Vorschlag: Wenn er schon Jeans herausbringe, dann sollte ich die Kampagne dazu machen. Wir bummelten gerade über den Broadway, wo *Jesus Christ Superstar* gespielt wurde. Da gab ich ihm den heißen Tip, seine Jeans doch Jesus zu nennen. »Du bist ja komplett verrückt!« rief er.

Dann dachte er nach.

Er fragte bei Castelbajac an, und der junge Designer war von der Idee begeistert. Ich brütete über der Kampagne. Ich überlegte, daß John Lennon eigentlich recht gehabt hatte, als er sagte, die Beatles seien genauso berühmt wie Jesus Christus. Damals entwickelte sich in der westlichen Jugend, die sich von einem Ende der Welt bis ans andere durch Beatles-Songs und Jeans miteinander verbunden fühlte, die Beatnik-Philosophie, die kritisch und pazifistisch war, die Vergnügen, Freizügigkeit der Sitten und Gleichheit der Geschlechter propagierte. Warum also nicht Jesus-Jeans? Warum Rücksicht nehmen auf die konservativen Werte der Gesellschaft und der Kirche?

Ich machte eine Nahaufnahme von einer Hose mit offenem Reißverschluß – Männlein oder Weiblein? –, und wir gingen zu einer kleinen Mailänder Werbeagentur. Einer der Redakteure kam auf den ersten Slogan, der die zehn Gebote parodierte: »Du sollst keine anderen Jeans haben neben mir«. Für das zweite Foto ließ ich meine damalige Freundin in sehr, sehr kurzen Shorts nach Kleinmädchenart posieren.

Ein wahnsinnig scharfes Foto! Wir gingen wieder zur Agentur. Der zweite Slogan war gefunden: »Wer mich liebt, der folge mir nach«, genau unter diesem aufreizenden Hintern.

Die Plakate wurden in ganz Italien geklebt, während ich nach New York zurückkehrte.

Einige Tage später rief mich mein Freund an, völlig aus dem Häuschen: »Du kannst Dir gar nicht vorstellen, welch einen Skandal unsere Kampagne in Italien ausgelöst hat. Der Vatikan und seine Zeitung, der *Osservatore Romano*, wollen uns fertigmachen!«

Als ich nach Italien zurückkehrte, war ich zum Aussätzigen geworden. Wir wurden von allen Seiten kritisiert und wie Ketzer und Gottlose behandelt. In Italien war es damals in den reaktionären katholischen Kreisen immer noch verpönt, daß Mädchen Hosen trugen. Und jetzt auch noch Jesus-Jeans! Bei der Jugend allerdings war die Kampagne sehr beliebt…

Eines Morgens schlug ich den *Corriere della Sera* auf und stieß auf einen langen Artikel von Pier Paolo Pasolini, der sich mit unserer Werbung beschäftigte. Er, Mystiker und Revolutionär zugleich, war der erste Italiener, der in seinen berühmten Freibeuterschriften (*Scritti corsari*) erkannt hatte, daß »der wahre moderne Faschismus« das ist, was die Soziologen »verniedlichend als Konsumgesellschaft bezeichnet« haben. Er war der erste, der beklagte, daß das Fernsehen der Untergang der italienischen Straßenkultur sei, der Meuchelmörder von Klatsch, Slang und des ganzen phantastischen Gesten-Panoptikums, da es die Leute vor der Glotze festnagele. Pasolini hatte die ganze kritische und humoristische Sprengkraft unserer Kampagne verstanden und griff in diesem Artikel die konservative Kirche an. Diese, schrieb er, verdiene es geradezu, daß man eine Jeans Jesus nenne. Ich zitiere aus diesem visionären Beitrag:

»Diejenigen, die diese Jeans hergestellt und sie auf den Markt gebracht haben, indem sie eines der Zehn Gebote als pragmatischen Slogan benutzten, beweisen mit ihrem sicheren Mangel an Schuldbewußtsein, daß sie sich längst außerhalb jenes Kreises befinden, der unsere Art zu leben und unseren geistigen Horizont umschließt. Dem Zynismus dieses Slogans liegt eine Intensität und eine kindliche Unschuld von einer absolut neuen Qualität zugrunde. [...] In seiner lakonischen Art erklärt er uns hinreichend und definitiv, daß diese neuen Industriellen mitsamt ihrer neuen Fachleute vollkommen von dieser Welt sind, von einer solchen Weltlichkeit, die sich nicht einmal mehr mit der Religion messen will.«

Pasolinis Aufgeschlossenheit wird in einer späteren Passage betont: »Was diesen Slogan so interessant macht, ist, daß er im Grunde genommen nicht alles negiert [...] Er zeigt die eigentlich nicht vorhergesehene Möglichkeit auf, die Sprache der Slogans, und damit die der Industriewelt, mit einem ideologischen Sinn zu versehen und dadurch erst expressiv zu machen.«

Dieser Text, der vor 25 Jahren geschrieben wurde und schon damals eine Ära verkündete, in der Slogans und Werbung endlich einen kritischen Sinn annehmen sollten, müßte in der Werbebranche ganz genau studiert werden. Pasolini wandte sich sein ganzes Leben lang gegen die Werbesprache und -techniken, die nur dazu dienen, uns zum blinden Konsum zu verleiten und uns allmählich zu verblöden. In seinem Artikel äußerte er sich auch zu Werbeslogans im allgemeinen:

»Der Slogan muß ausdrucksstark sein, um zu beeindrucken und zu überzeugen. Aber seine Ausdruckskraft muß monströs sein, da seine Wirkung mit der Zeit immer weiter nachläßt. […] Mittlerweile stellt das aufgeblasene Vokabular der Slogans das Nonplusultra einer neuen Fachsprache dar, die allmählich überall die humanistischen Gespräche ersetzt. Es verkörpert das Sprachenleben der Zukunft, das heißt einer ausdruckslosen Welt ohne kulturelle Eigenheiten oder Unterschiede, einer genormten und entkulturisierten Welt.«

Die Werbung ist eine materialistische Religion, eine Monstrosität

Die moderne Werbung entgeht in ihrer engelgleichen Art nicht der christlichen Mythologie, aber sie maßt sich an, diese auf einige einfache Formeln zu reduzieren, und glaubt, dadurch deren Dramaturgie entkommen zu können. Die Werbung gaukelt uns das Himmelreich vor, zu dessen Erlangung wir keine andere Anstrengung auf uns nehmen müssen, als es zu kaufen. Sie verspricht uns das Paradies auf Raten. Sie bietet uns jeden Tag göttliche Erscheinungen. Sie sakralisiert die alltägliche profane Welt, die sie in einer feierlichen Kommunion mit wunderbaren Produkten verklärt. Wie die Religion, beutet auch die Werbung die Schuldgefühle all derer aus, die es nicht verdient haben, das Reich der Auserwählten des Konsums zu betreten. Werbung ist das Gegenteil von Liebe. Sie verspricht alles, schenkt aber nichts. Die Werbung ist der Katechismus der Konsumreligion. Ihre dümmliche Bilderwelt. Ihr Glaubensbekenntnis. Sie verkauft uns die Glückseligkeit wie einst die Kirche den »Ablaß« (was dann ja bekanntlich zur Reformation führte). Mit falschen Versprechungen, wie in der folgenden Anthologie, die man mit jeweils eingeschobenem Amen lesen sollte.

Die Zukunft ist heute (BNP); *Es ist der Mensch, der zählt* (Findus), *Menschen in Freiheit* (Mariner); *Von Mensch zu Mensch* (Deutsche Telekom); *Eine Bank – ein Wort* (Hypo Bank); *Je mehr man Sie betrachtet, desto mehr liebt man Sie* (Orly); *Vertrauen ist der Anfang von allem* (Deutsche Bank); *Das Leben war nie so nahe* (Roussel-Uclaf); *Das tägliche Leben ist schön* (Habitat) und in Ewigkeit so weiter.

Die Werbung ist ein phantasieloses Meßbuch, ohne jeglichen Sinn für Dramaturgie oder für das Mysterium der menschlichen Existenz. Sie ist eine materialistische Religion, eine Monstrosität. Für Christen ist das Paradies nicht von dieser Welt, das angekündigte Reich Gottes ersteht erst nach vielen Jahrhunderten des Nachdenkens und der guten Taten. Die Werbung ihrerseits verwechselt Wunder mit Kaufkraft, die Fresken der Sixtinischen Kapelle mit sexy Katalogen, Kirchenmusik mit globusumspannender Muzak, den Traum eines besseren Lebens mit dem dümmlichen Paradies der »Frische des Lebens«, die Pietà mit Püppchen.

8

Brainstorming, Briefing, Mediaplanning, Bullshitting…

»Benetton hat einiges riskiert und seinen Namen mit einer intensiven, kontroversen, manchmal politischen und oft charmanten Fotografie verbunden, die geeignet ist, das Verständnis zwischen den verschiedenen Kulturen der Welt zu fördern. Diese Leute sind die Avantgarde der Werbekunst.«

Roy Lichtenstein, Maler, New York, 1994

Ende der sechziger Jahre sollten einige Filme ohne Vorwarnung die Darstellung von Gewalt im Kino für immer verändern. Erinnern Sie sich nur an *Bonnie and Clyde* von Arthur Penn oder an *Getaway* oder *The Wild Bunch – Sie kannten kein Gesetz* von Sam Peckinpah. Zum ersten Mal wird gezeigt, was Kugeln wirklich anrichten: jede Menge Blut und verbranntes Fleisch. Vorbei die entsetzlichen Schlägereien aus den Western und Kostümschinken von Cinecittà, wo man sich gegenseitig mit Tischen bewirft, die eigentlich Elefanten niederstrecken müßten, und der Held mit strahlendem Lächeln und vor allem komplettem Gebiß wieder aufsteht. Im nun folgenden Jahrzehnt wird das Kino roh, körperlich und realistisch. Es folgt dem natürlichen Lauf aller Künste, es schlägt über die Stränge, es vergißt die Zensur und die selbstauferlegten Codes, es seziert die dunklen und verborgenen Facetten der menschlichen Gefühlswelt. Seitdem ist es nie mehr völlig zum Stillstand gekommen und hat gänzlich unbekannte, dunkle Kontinente erforscht: Wahnsinn, Sex und Sinnestaumel, die Schrecken des Krieges, Verbrechen, gefährliche Leidenschaften, Gewalt, Mystik, das Heilige und vieles mehr. Die Werbung dagegen ist im infantilen Stadium der Kunst und der naiven Huldigung der Schönheit steckengeblieben. Wie der Einfältige kann sie das Schöne nur in schönen Dingen ausmachen.

Ein Jahrhundert zuvor begründete Baudelaire die moderne Literatur, als er die faszinierende Häßlichkeit der Städte, die Bodenlosigkeit des Verstandes und den Verfall des Körpers besang: In den *Fleurs du Mal*, den Blumen des Bösen, die von der Zensur verdammt und von den Klassizisten verachtet wurden. Baudelaire schrieb einige seiner größten Gedichte über den Überdruß, den Rausch, die Leiden des Körpers und über ein Aas.

150 Jahre sind vergangen, und stoßen Sie vielleicht auch nur ab und zu auf brutale Szenen oder Blumen des Bösen in der Werbung?

Nach Baudelaire findet man auch bei den größten Schriftstellern dieses Jahrhunderts, in den Büchern von Henry Miller, Céline, Genet, Moravia, Malraux, Cioran, Beckett und in den düsteren amerikanischen Romanen das Leid, die Absurdität der menschlichen Befindlichkeiten und die Härten unserer Existenz als mit dem Alltag untrennbar verbundene Attribute. Die Literatur der Moderne mißtraut den Erzählungen vom Glück. Weshalb sie sich am Ende dieses grausamen Jahrhunderts im nachhinein als sehr scharfsichtig erweist.

Und die Werbung? Die hinkt ein Jahrhundert hinterher.

Die Malerei des 20. Jahrhunderts hat die Krisen, die Entdeckungen und Tragödien der Literatur begleitet. Sie wurde provokanter, tragischer, subversiver. Mit den Impressionisten hat sie das Regelwerk der Schönmalerei und der akademischen Strenge zu Fall gebracht. Mit der abstrakten Malerei hat sie sich von jeglichem Bezug zur Wirklichkeit und zum Schönen gelöst, so daß der Künstler schließlich seine Zerrissenheit, seine intimsten Visionen ausdrücken kann. Die Malerei hat sich für den Minimalismus begeistert – Malewitsch und sein schwarzes Quadrat auf weißem Grund –, für die Loslösung vom Gegenständlichen – Francis Bacon, Jackson Pollock, André Masson –, für Performances und Body-art. Mit Warhol hat sie die Werbung verfremdet, sie hat sich der neuen Technologien bemächtigt, um ihnen besser Widerstand leisten zu können.

Die Werbung dagegen ist bei der naiven Malerei stehengeblieben, ohne auch nur den Wagemut des Zollbeamten Rousseau zu besitzen. Sie hat sie mit tausendmal gehörten Liedchen und Standards unterlegt, mit Supermarkt- und Fahrstuhlmusik.

High-Tech-Möbel, codierte Sprache, Art Director – Sie sind in einer Werbeagentur

Jedesmal, wenn mit der allgemein gültigen Kunstauffassung gebrochen wird, jaulen sie alle miteinander auf, die alten und neuen Berühmtheiten, die selbsternannten Gelehrten und Experten, die beunruhigten Medien, die jeweils gültige konservative Meinung – sie empören sich und schreien etwas von »Skandal«. Jedesmal strengen sie Prozesse an und fordern die Köpfe oder zumindest die Verbannung der Schuldigen. Und jedesmal wird sehr bald klar, wie lächerlich sie sich gemacht haben, wie altmodisch sie sind und daß sie sich nur an ihre Vorrechte klammern.

Es genügt, bei irgendeiner Werbeagentur irgendwo auf

der Welt vorbeizuschauen, und man begreift, warum das Werbevolk nur aus Eseln besteht. Sie betreten eine High-Tech-Halle – alles wunderbar durch Teppichboden gedämpft –, in der Sie ein entzückendes Mädchen davon in Kenntnis setzt, daß sich der »Commercial Director« eines Werbekunden mit dem »Art Director« in einer »creative session« befindet, um die »Headline« oder das »Layout« auszuklügeln, oder gar, daß der »AD« zum Zwecke eines »externen Brainstorming« außer Haus ist, was nichts anderes heißt, als daß er gerade einen heben gegangen ist. Die ganze Werbebranche spricht diese amerikanisierte Pseudofachsprache, die sie als »grundlegende Basis« ihrer großartigen »Kommunikationswissenschaft« ausgibt. Zweifellos dient diese ganze Inszenierung nur dazu, beim Kunden Eindruck zu schinden und ihn glauben zu machen, daß er es mit echten Profis zu tun hat.

Ich habe auch schon an solchen »Meetings« zur Besprechung einer Kampagne teilgenommen. Ein gutes Dutzend »Media Consultants«, »Productive Directors« und »Kreative« haben sich um einen Designertisch versammelt, und jeder gibt seinen Senf dazu, um ein Gehalt zu rechtfertigen, bei dem eine Krankenschwester erblassen würde. Ich schlage ein Foto vor, und sogleich sagen mir unsere großen Gelehrten, wie es gemacht werden soll, welche Deko zu wählen ist, welche Farbe die Kleider haben müssen, wie groß der Brustumfang der Models zu sein hat etc. Dann widerspricht einer dem anderen, jeder verteidigt seinen Minigeistesblitz mit Klauen und Zähnen oder spielt sich zum Propheten auf, indem er den totalen Flop für den Fall voraussagt, daß man ein kaffeebraunes Mannequin oder eines jenseits der 23 auswählt – und am Ende ist jede noch so gute Idee zerredet bis zur Banalität und allen Inhalts beraubt.

Ich erinnere mich an eine Lesieur-Kampagne für die Agentur Young & Rubicam. Neunzehn Leute an einem Tisch! Es war die fünfte Sitzung in Korinthenkackerei – oh pardon, in Vorbereitung eines Clips. Irgendwann stand ich auf, nahm den Boß von Lesieur beiseite und sagte: »Guter Mann, es ist Ihr Geld, von dem all diese Leute hier bezahlt werden. Neunzehn Personen, wo zwei völlig genügen würden. Ich verschwende hier nur meine Zeit.«

Selbstverständlich habe ich mich damit nicht sehr beliebt gemacht.

Eine Agentur, das ist das Reich der Sterilität und der Mittelmäßigkeit. Man findet dort immer einen ängstlichen Chef, der etwas vom »göttlichen Recht« daherredet – dem Standpunkt des Kunden – und der den geringsten Anflug von Wagemut sofort abwürgt. Dann kommen da noch der Art Director und der Creative Director. Das sind die beiden, die im Alleinbesitz des Großen Wissens der Kunst sind. Sie zweifeln niemals an ihren Eingebungen. Sobald sie auf einen echten Künstler treffen – der sich seinerseits erst einmal langsam vortastet und Schritt für Schritt sein Anliegen vorbringt –, fahren sie ihm barsch über den Mund, schüchtern ihn ein und stutzen ihm schließlich die Flügel. Dieses Drama wiederholt sich Tag für Tag in allen Agenturen der Welt. Als Gustave Eiffel vorschlug, einen dreihundert Meter hohen Metallturm am Ufer der Seine zu errichten, hat man ihn ganz offen ausgelacht, und die großen Denker jammerten, daß die Hauptstadt Frankreichs verschandelt werden würde. Nur die Künstler, die Vorausschauenden haben das Unternehmen begrüßt. Heute ist der Eiffelturm das Wahrzeichen von Paris. Aber immer noch werden alle »Eiffelturm-Ideen« gekippt.

Young & Rubicam und die »Werbung der guten Gefühle«

In Italien wurde die Agentur Young & Rubicam lange Zeit von einem Mann geleitet, der von dem Wunsch beseelt war, sich ein Denkmal in seiner Branche zu setzen – Gavino Sanna. Er war es, der die fabelhafte Theorie von der berühmten »Werbung der guten Gefühle« entwickelte. Mit dem Ergebnis, daß, egal welche Kampagne vorgeschlagen wurde, egal um welche Marken oder Kunden es ging, egal welche kreativen Einfälle die Designer oder Fotografen hatten, unser lieber Werbefachmann alles solange einköchelte, bis er uns wieder seine »guten Gefühle« vorsetzen konnte. Am Ende glichen sich natürlich alle Clips, Bilder und Slogans dieser Agentur: alle gleich lieb, honigsüß und mit Zuckerwatte ausgestopft. Schließlich verwechselte man sie sogar! Die Marken waren nicht mehr zu erkennen. Warum sollte man sie also überhaupt noch von den Obsessionen einer Agentur und seiner Creative Directors verhackstücken lassen?

Ich für meinen Teil habe mich nach einigen schlechten Erfahrungen dafür entschieden, nie mehr mit einer Agentur zu arbeiten. Ich erinnere mich noch an meine Anfänge bei Benetton, als Luciano mir die Konzipierung des Image seiner Marke anvertraute. Er arbeitete mit zwei Agenturen zusammen, die sich um die Plazierung der Werbung in den Medien kümmerten: J. W. Thompson auf internationaler Ebene und Eldorado für Frankreich. Ich war mit Bruno Suter befreundet, einem der Mitinhaber von Eldorado. Offiziell gingen die Kampagnen auf das Konto der Agenturen, und ebenso die dafür eingeheimsten Preise; in Fachkreisen glaubte man, daß die gesamte kreative Ideenflut von Eldorado stamme, was ja gar nicht der Fall war. Letztlich überwarf ich mich mit ihnen. Ich allein blieb bei Benetton, das Kapitel Eldorado war abgeschlossen. Die Agentur hat in der Folge sehr schnell an Prestige verloren...

Das war dann auch meine letzte Erfahrung mit einer Agentur.

Bei Benetton hatte ich rasch eine konzerninterne Organisationsstruktur aufgebaut, die es Luciano ermöglichte, unsere Kreationen stets im Auge zu behalten. Wozu denn Agenturen? Sie sind immer dann überflüssige Zwischenhändler, wenn eine Unternehmensleitung über genügend Aufgeschlossenheit verfügt, um bei sich selbst eine Kommunikationseinheit einrichten zu können. Jedes Unternehmen hat seine eigene Geschichte, sein ureigenstes Metier oder Image und originelle Produkte. Die Menschen, die dort arbeiten, wissen besser als alle anderen, welche Qualitäten das, was sie selbst hergestellt haben, besitzt. Eine außenstehende Agentur bringt unversehens ihre eigenen Macken mit ein, während eine interne Organisation von dem Erfahrungsschatz profitieren kann, den eine Marke angesammelt hat. Allerdings darf auch hier die Sprache nicht plump verflachen, noch dürfen die Regeln des reinen Marketing dominieren, aber auf eine Agentur wie auch auf »gute Gefühle« kann gut und gerne verzichtet werden.

Luciano Benetton nimmt mich beiseite: »Höre nicht auf das Marketing, sondern auf Deine innere Stimme.«

Als ich begann, mit Luciano Benetton eng zusammenzuarbeiten, merkte ich sehr schnell, daß er ein außergewöhnlicher Mann ist, ein Förderer der Künste, der Kreativität und einen scharfen und offenen Geist zu schätzen weiß. Ich erinnere mich daran, wie er intervenierte, als ich meine erste größere Auseinandersetzung mit einem seiner Direktoren hatte. Luciano sah mich, als ich wütend und völlig aufgewühlt aus dessen Büro kam; er nahm mich beiseite und sagte: »Oliviero, Du darfst Dich nicht von den Verkaufsdirektoren beirren lassen, laß Dich bei Deiner Arbeit von Deinem Instinkt und Deiner Kreativität leiten. Wenn Du auf die anderen hörst, dann sagen Dir die Marketing-Direktoren morgen, wo Du deine Kamera hinzustellen hast, und daß die Schwarzen zu schwarz und die Weißen zu weiß sind. Du mußt das machen, was Du glaubst, tun zu müssen, selbst auf mich darfst Du nicht hören!«

Ohne Luciano, ohne seinen Wunsch, eine originelle Kommunikation zu schaffen, ohne seine Unterstützung und Protektion wäre ich nicht sehr lange bei Benetton geblieben. Ich habe sehr wenige Industrielle und Geschäftsleute kennengelernt, die über eine so große geistige Beweglichkeit verfügen. Ein Beispiel wird auch Sie davon überzeugen: Als wir einmal in seinem Privatjet aus Japan zurückflogen, erwähnte ich beiläufig: »Luciano, eigentlich solltest Du eine Schule für Kommunikation gründen.«

Zwei Wochen später führte er mich zu einer großen verfallenen Villa im Palladio-Stil und sagte:

»Na, was hältst Du davon? Sollen wir hier unsere Schule einrichten?«

»Fantastico!«

»Dann kümmerst Du Dich ab jetzt darum!«

Luciano Benetton finanziert heute eine Kommunikationsschule, die die gängige Kommunikation kritisieren soll: die Fabrica. Mit ihrer Konzeption betraute ich Tadao Ando, einen brillanten japanischen Architekten. Die Leitung wurde einer der mythischen Gestalten der USA, Godfrey Reggio, übertragen, der die berühmte Trilogie über die Entstehung des Universums und die Ökologie der Erde geschaffen hat: *Koyaanisqatsi – Powaqqatsi – Naqoyqatsi.* Die Schüler der Fabrica sollen Design, Fotografie, Grafik, Kommunikation, angewandte Kunst und und und mit Künstlern aus der ganzen Welt studieren, mit starken Köpfen, Bilderstürmern, Rebellen ebenso wie High-Tech-Freaks.

Luciano Benetton geht Risiken ein, er umgibt sich mit Künstlern, er stellt ihnen Mittel zur Verfügung, er hat eine Schule der Avantgarde geschaffen, er ist der Lorenzo Il Magnifico, ein Medici des Jahres 2000. Unsere Zeit braucht Männer wie ihn, Mäzene eben. Venedig wäre niemals erbaut worden, wenn man Werbeschaffende und ihre Marketing-Direktoren mit dem Projekt betraut hätte: »Eine ganze Stadt auf dem Wasser? – Das kann doch wohl nicht Ihr Ernst sein!«

Wir schlagen Fidel Castro
die Leitung der Benetton-Schule vor

Noch eine Geschichte beweist die offene Geisteshaltung Luciano Benettons. Vor Godfrey Reggio hatte Luciano Benetton die Leitung der Fabrica einem anderen angeboten: Fidel Castro. Es war im Sommer 1993. Wir waren auf Kuba, um dem amerikanischen Embargo zu trotzen und Boutiquen zu eröffnen. Natürlich konnte man sehen, wie sehr das Land unter den Entbehrungen, unter dem System der Einheitspartei und der kommunistischen Mißwirtschaft gelitten hatte. Aber trotz dieser Schwierigkeiten, trotz der skandalösen internationalen Wirtschaftsblockade herrschte dort keine Hungersnot wie in Asien – die medizinische Versorgung ist kostenlos, die Menschen haben eine starke, warmherzige, musik- und literaturerfüllte Kultur. Sie sind stolz darauf, den Amerikanern standgehalten zu haben. Eines Abends waren wir bei Castro zum Abendessen, von Wachen und Dolmetschern umringt. Castro redete über das Embargo, dann von seiner Revolution, als ihn Luciano unterbrach:

»Signore Castro, ich glaube daran, daß man Revolutionen machen und sie sein ganzes Leben lang fortführen muß! Trotz aller Kritik glauben die Leute hier immer noch an Sie. Man muß ihnen weiter dienen ...«

Castro hat nichts dazu gesagt. Auf dem Heimweg diskutierten wir eifrig, und wir waren uns alle einig: Wir sollten Fidel Castro die Leitung der Fabrica antragen, wenn er einmal die Macht niederlegen sollte. So hätte er eine neue Aufgabe, und auch Kuba wäre frei für neue Wege. Luciano betraute mich mit der Aufgabe, ihm den Vorschlag zu unterbreiten. Im Juli schickte ich Fidel Castro den folgenden Brief, in dem die Ambitionen von Luciano Benetton in Bezug auf die Fabrica sehr gut dargelegt sind:

»Sehr geehrter Fidel Castro,
dieser Brief ist eine offizielle Einladung: Ich würde es sehr begrüßen, wenn Sie der Maestro der jungen Studenten würden, die wir an unserer Schule, der Fabrica, aufnehmen werden. Junge Frauen und Männer aus der ganzen Welt werden dort zusammenkommen, um ihre Kenntnisse in einem Forschungszentrum auszutauschen, das wir deshalb Fabrica genannt haben, weil wir dort aktiv ein Wissen entwickeln und fördern wollen, das nicht nur aus reiner Theorie besteht. In Afrika, in Asien, in Lateinamerika, im Norden wie im Süden unseres Planeten warten Millionen junger Menschen auf Aufklärung. Wir eröffnen diese Schule, um dort die Rassen- und Klassenschranken aufzuheben, wobei die Verschiedenartigkeit bewahrt, wenn nicht erweitert werden soll, und um einen Ort des Austausches für all jene zu schaffen, die überall sonst durch wirtschaftliche und politische Grenzen getrennt sind. Die jungen Leute der Fabrica werden miteinander das teilen, was sie in ihren eigenen Kulturen gelernt haben, was sie mit ihren eigenen Händen machen können, was das Leben sie gelehrt hat.
Eine solche Schule braucht einen Maestro. Wir haben an Sie gedacht, weil Sie die Kraft des Ideals nicht vergessen haben, die Sie an Ihr Volk weitergeben konnten, den Glauben an die Erneuerung, den Sie zu Beginn Ihrer Revolution in den jungen Generationen entfachen konnten.

In einer immer konformistischeren Welt brauchen wir für unsere Fabrica einen Meister der Revolution. Wir können uns das erlauben, da unsere Schule in einem privilegierten Land entsteht, und wir werden alles unternehmen, um die Fabrica vor einem allzu großen Ansturm von Privilegierten zu schützen. [...]

Sehr verehrter Fidel, wir brauchen Sie. Wir brauchen den Mann, der 1961 hunderttausend Menschen erfolgreich dem Analphabetentum entrissen hat, die daraufhin ihrerseits in der Lage waren, einer Million anderer Lesen und Schreiben beizubringen. Wir richten unsere Bitte an den letzten wahren Führer des Kommunismus, an den »Feind«, den es einst zu bekämpfen galt. Wir erkennen in Ihnen den Maestro, jemanden, dem wir mit dem größten Respekt zuhören, einen Mann, der uns viel beibringen kann. Der Mechanismus, den Sie in Gang gesetzt haben, kann bei einer weiteren Gelegenheit auf andere Weise noch einmal funktionieren. Und das ist, was uns Sie bitten läßt, unsere Fabrica zu leiten. Wir glauben, daß sie eine großartige Werkstatt für eine bessere Gesellschaft werden kann.« (27. Juli 1993)

Dieser Brief umreißt die Anliegen der Fabrica sehr genau. Er zeigt, daß Benetton sich nicht nur darauf beschränkt, Pullover zu verkaufen und dafür Reklame zu machen. Die Fabrica zu gründen, die gesamte Werbekommunikation umzukrempeln, ein engagiertes Theater in Südafrika oder die radikalsten Aids-Hilfen zu unterstützen, all das hat nichts mit spektakulärer Promotion oder Handelszynismus zu tun, wie uns von bornierten Geistern unterstellt wird. Luciano Benetton ist ein Unternehmenschef, der seine Epoche mit wachem Geist verfolgt, der Verantwortung übernimmt und sich Gedanken macht über ethisches Verhalten im Kapitalismus.

Der italienische Werbepapst
greift mich in einem offenen Brief an

Wenige Werbeschaffende wagen es, darauf auch nur einen Gedanken zu verwenden. Deswegen kritisiere ich sie auch so häufig. Gavino Sanna, der Papst von Young & Rubicam in Italien, hat in der Ausgabe des *Corriere della Sera* vom 18. September 1992 einen offenen Brief an mich veröffentlicht, in dem er auf meine Kampagnen und meine Agenturschelte eingeht. Darin stand:

»Caro Oliviero,

hier stehe ich in meinem Büßerhemd, das Haupt mit Asche bestreut, und trete nun meinen Gang nach Canossa an. Dein Unterricht, ach was sage ich, Dein Wort bietet uns Werbeschaffenden die einzig mögliche Erlösung. Du hast uns gezeigt, daß die Werbung eine Funktion haben kann und haben sollte, die höher ist als die, die wir armen Kleingeister ihr zugestehen, nämlich Unterstützung beim Produktverkauf. Heute, wo wir sehen, wie Dein Wort in Deinen letzten Kampagnen buchstäblich zu Fleisch und Blut geworden ist, erröten wir allein beim Gedanken daran, daß wir das einstmals geglaubt haben. Die Werbung ist eine Mission. Ich möchte dieses Bild vom ›zuckersüßen Gavinosanna‹ auslöschen, der ich war, ich möchte Dein Jünger werden. Bei meinem nächsten Plakat für ein neues Auto werde ich nicht mehr den Fehler begehen, das Produkt zu zeigen – das wäre zu einfach und zu primitiv, wie Du uns ja gelehrt hast, Oliviero –, sondern ich werde Pferdekacke auf 6 x 6 zeigen, damit die Leute sich denken: ›Ach, in der guten alten Zeit war doch alles besser‹, als die Umweltverschmutzung nur aus unschuldigen Pferdeexkrementen bestand und nicht aus Abgasen. […]

Oliviero, hast Du denn nicht verstanden, daß unsere Spots bloß schöne Bilder sind? Es ist nur ›Reklame‹, wie man früher sagte. Die Leute brauchen keine Werbung, sie könnten ohne sie besser leben und tun uns lediglich einen Gefallen, wenn sie sie akzeptieren. Spiel Dich nicht immer so auf.«

Da seine Worte meiner Meinung nach versuchten, meine Arbeit lächerlich zu machen, antwortete ich ihm meinerseits einige Tage später im selben Tenor und machte mich über die totale Weigerung der Werbeschaffenden lustig, sich für die wirkliche Welt zu interessieren, wenn sie in ihren kuscheligen Agenturstuben sitzen und sich mit Pasta vollstopfen.

»Lieber Sanna,
also ist doch wahr, was Feuerbach sagte: ›Der Mensch ist, was er ißt‹? Tonnenweise Rigatoni, Spaghetti, Fusilli. Mit einem so vollen Bauch kann man sich ja nur schläfrig fühlen, und man beginnt zwangsläufig damit, die Realität etwas verschwommen wahrzunehmen, vor allem, wenn man zuviel Amaro Averna geschluckt hat.

Aber warum bleibst Du nicht einfach ganz ruhig in

Deinem plüschig-gemütlichen Büro und denkst darüber
nach, wie Du ein paar weitere Hühnchen der Marke Galletti
Vallespluga ausnehmen kannst? Warum willst Du Dich unbedingt in Fragen einmischen, denen Du doch nicht ge-
wachsen bist – Rassismus, Aids, Geburt? Du mußt doch brav
weiterhin das Produkt zeigen, wie Du so schön sagst. Und
was nun die Scheiße angeht, da solltest Du wissen, daß die
schon der avantgardistische Künstler Piero Manzoni in den
sechziger Jahren mit einem ganz anderen kulturellen Bewußtsein in Dosen gesteckt hat. Irgendwie kommst Du
immer zu spät! Besser gesagt: Du strengst Dich zwar mächtig an und bist doch nie auf der Höhe der Zeit. […]
   Du tatest gut daran, das Wort ›Reklame‹ wieder hervor-
zukramen und zu sagen, daß Deine Fotos nur schöne Bilder
sind und nichts anderes. Du gehörst ja auch zu den Leuten,
die man nach der Werbung gleich ins Bett schicken kann.«

Zielgruppe! Soziotyp! Kaufreflex!

Zwei Jahrzehnte lang wurden die Unternehmer, die Kunden
der Agenturen, vom angeberischen Gehabe der Werbeschaffenden eingeschüchtert. Die Industriellen fühlten sich nicht
ganz wohl in ihrer Haut, wenn sie diesen Männern mit ihrem
Fachchinesisch und ihrem ganzen Troß an attraktiven As-
sistentinnen gegenüberstanden, in deren Macht es lag, zu
verbotenen Preisen erotische Clips mit den schönsten
Models der Stadt zu drehen. Ich habe schon diverse Male
Unternehmer gesehen, die aus Angst davor, etwas vermeint-
lich Dummes zu sagen oder ihre Marken diesen »Creative

Professionals« gegenüber etwas linkisch zu verteidigen, lieber den Mund hielten. Die wiederum schlugen für ein enormes Budget den ewiggleichen sinnlichen Spot am Ende der Welt vor, ausgestattet mit Erster-Klasse-Tickets, Standardblues, einem Lölö-Slogan und einem natürlich befreundeten Regisseur – denn die Werbebranche ist eine Verbrecherbande mit ihren Kumpaneien, abgesprochenen Tarifen, gegenseitigen Gefälligkeiten und Einschüchterungen. Man konnte meinen, man hätte es mit Ärzten Molièrescher Prägung zu tun, nur daß diese statt »Die Lunge! Die Lunge!« durcheinanderriefen: »Zielgruppe! Soziotyp! Kaufreflex! Appell an die Sinne! Budget!« Damals konnte der Kunde dem kaum Widerstand leisten; er merkte zwar, daß er irgendwie übers Ohr gehauen werden sollte, doch die reizende Assistentin ließ nicht locker und ebensowenig der Fachmann für den «Durchdringungsgrad», und am Ende gab der Klient auf. Hauptsache, er investierte den veranschlagten Etat.

Vollends verkorkst ist die Situation seit einigen Jahren dadurch, daß die Weltwirtschaftskrise neuen Mitspielern Allmacht in der Welt der Werbung verliehen hat. Es handelt sich dabei um die Marketing-Direktoren, eine gegenüber jeder Art von Kreativität unsensible Brut. Mit ihnen begann die Periode der servilen Zufriedenstellung des beunruhigten Kunden. Jedes Fünkchen Erfindungsgeist und zusätzlichen kreativen Anspruchs wird sofort ausgelöscht, da man Angst davor hat, in das verschwenderische und mafiöse System früherer Zeiten zurückzufallen.

Man dreht sich auf tragische Weise im Kreise.

Der Tag, an dem die achtzehnjährige Claudia Schiffer
mein Studio bei Elle betrat

Eines der Zaubermittel, zu denen man heute Kunden rät, heißt »Top-Model«. Ich kenne das Mannequin-System sehr gut. Kein Fotograf hat häufiger für *Elle* gearbeitet als ich in der Zeit von 1975 bis 1993. Bei *Elle* machte ich das erste Foto von Ines de la Fressange: als Mann, im Smoking, eine Zigarette rauchend – ein sehr androgynes Cover. Alle neuen Mädchen wurden mir vorgestellt. Im Frühling 1989 sah ich eine achtzehnjährige deutsche Schülerin, eine gewisse Claudia Schiffer. Sie kam gerade aus Paris, ohne Set Card und Fotomappe. Ich nahm sie mit nach Norwegen und habe sie danach sehr oft in der Werbung eingesetzt, z.B. für Nordika-Skistiefel. Als ich sie damals ankommen sah, dachte ich mir: Das wird einmal eine ganz Große, so wenig menschlich, außerirdisch, kalt und asexuell wirkte sie auf mich: ein hübscher deutscher Kühlschrank, eine auf Hochglanz polierte Waschmaschine, der wahrgewordene Traum von einer schönen, zartrosigen Arierin. *Some like it hot, some like it cold.* Sie ist sehr romantisch und zugleich sehr gut organisiert, sehr intelligent. Das Mannequin-System begriff sie auf Anhieb. Mit 19 Jahren verdiente sie schon 30 bis 40 Millionen Lire – 40 000 DM – für eine Werbung. Einmal kam sie mit ihrem Verlobten direkt vom Flugplatz ins Studio. Als erstes sorgte sie sich darum, wer wohl das Taxi bezahlen würde – 50 Franc. Das ist das Mannequin-System. Da man Models in Ermangelung anderer Ideen immer häufiger einsetzt, sie zu Superstars überhöht, bedeutender als die Bardot oder die Monroe, fordern die Mädchen immer mehr Geld. Sie weigern sich, anders als von ihrer »Schokoladenseite« aufgenommen zu werden, oder sie verlangen, mit ihrer eigenen Visagistin anzureisen. Das nimmt allmählich groteske Ausmaße an, einfach lähmend.

Bei mir heißt Naomi Campbell »Cioccolatino«, und sie nennt mich einen Rassisten

Auch mit Naomi habe ich gearbeitet. Das war damals, als ich einen Film für Lesieur machen sollte und unbedingt ein schwarzes Mädchen haben wollte. Zu jener Zeit war das tabu, absolut verboten. Lediglich Yves Saint Laurent wagte es, bei seinen Modenschauen Schwarze auf den Laufsteg zu schicken. Aber für einen Werbespot war das wesentlich komplizierter. Die Agentur sträubte sich. Sie wollte keinen Ärger riskieren und erwartete einfach, daß wir wie üblich das Simpelste, Blödsinnigste machten, das die Leute am wenigsten verunsicherte. Naomi war mir von einem berühmten schwarzen Mannequin der siebziger Jahre empfohlen worden; sie war gerade einmal 14 oder 15 Jahre alt, Grazie und Göre in einem. Für sie war es die erste ernstzunehmende Arbeit. Ich drehte in einem Filmstudio in Nizza. Sie nannte mich »Monsieur Toscani«, ich rief sie »Cioccolatino«, Pralinchen. Das regte sie auf, denn sie war ein Mädchen, das dem Schwarz-Weiß-Schema noch sehr stark verhaftet war. Später durfte ich dann irgendwo lesen, daß sie mich wegen dieses Spitznamens einen Rassisten nannte.

Heute ist sie eine der Galionsfiguren im internationalen Mannequin-System. Mit ihr verkauft man Autos, Mode,

Herrenmagazine, bald sicher auch Schokolade. Sie ist zu einem austauschbaren Bild geworden wie all die anderen, die Schwarze vom Dienst, ein weiterer Farbtupfer auf der Palette der Verkaufsträume. Alle diese Mädchen sind ihrer Persönlichkeit verlustig gegangen. Auch dann, wenn sie laufen, springen und lachen, ist alles an ihnen falsch und künstlich. Roboter.

Ein Kondom kostet fünf Franc,
und alle zerreißen sich das Maul.
Ein Star kostet Millionen, und keiner schert sich drum

Ich erinnere mich an ein Abendessen in Mailand mit Leuten aus der Werbung. Ich saß neben Luciano, mir gegenüber der Chef eines großen Sportschuhherstellers. Wir kamen auf die Werbung zu sprechen, und dieser Herr wandte sich an Luciano Benetton. Er deutete auf mich und fragte: »Können Sie mir das erklären? Da bringt mich meine Agentur dazu, ein Vermögen für Sportstars wie Baggio, Becker oder Graf auszugeben, und niemand spricht von unserer Kommunikation, nicht eine einzige Zeitung, einfach niemand! Und Ihr Fotograf da geht einfach hin und kauft ein paar bunte Kondome im Supermarkt, macht davon nur ein einziges Foto, und die ganze Welt spricht von Benetton. Ich habe zu meiner Agentur gesagt: ›Da stimmt doch etwas nicht, Sie müssen irgend etwas an Ihrem System ändern!‹«

Dieser Herr wußte eben noch nicht, daß die klassische Werbung – mit Mannequin-System, Stars, den ewiggleichen munteren Konsumappellen –, in der die Kreativität vom

Marketing erstickt wird, wahre Künstler verschreckt werden und in der nicht das geringste Gespür für den Zeitgeist vorhanden ist, daß eben diese Werbung tot ist – sie weiß es nur noch nicht.

9
Wider die Monokultur

»Die Plakate von Benetton haben mich niemals schockiert.«

Ben, Künstler, Paris

Kennen Sie die Lipton-Yellow-Tee-Reklame, die im Himalaya gedreht wurde? Ein berühmter Schauspieler kommt ganz verschlafen aus einem Zelt und macht sich einen Tee. Ein Freund gesellt sich zu ihm, und sie schlürfen jeder mit diesem verständnisträchtigen Lächeln eine dampfende Tasse Tee. Lipton Yellow, das ist die Coca-Cola unter den Tees. Einerlei ob Sie sich in Asien, Indien, Ceylon oder Lateinamerika befinden – Sie können sicher sein, daß Sie ihn überall bekommen werden. Es handelt sich dabei um einen Tee ohne einen besonders ausgeprägten Geschmack, einen Allerweltstee, einen Tee für all diejenigen, die bei ihrem Aufguß nicht allzu wählerisch sind. Nun wurde diese Lipton Yellow-Reklame in einem Land gedreht, wo einige der besten Tees der Welt geerntet werden, darunter der berühmte Himalaya-Tee. Lipton versucht hier mit einem einfachen Taschenspielertrick, das Renommée einer für ihren Tee berühmten Region für die eigenen Zwecke zu benutzen. Im Vordergrund sieht man den Teebeutel und hinten die schneebedeckten Gipfel, und sonst sieht man nichts, gar nichts von diesem sagenhaften Land, über das es doch so großartige Reportagen und einfühlsame Dokumentarfilme gibt.

Diese Werbung versucht zu belegen, daß Lipton sich auch am Ende der Welt, mitten im Herzen eines der größten

Teegebiete Asiens, durchgesetzt hat. Ein sehr schönes Beispiel für den kulturellen Kolonialismus durch Marken. Es bezeugt die unaufhaltsame Entwicklung zu einer weltweiten Monokultur, zu der die Werbung nivellierend beiträgt.

Werbung verkauft keine Produkte, sondern gleichförmige Lebensmodelle

Die Öffentlichkeit macht sich gar keine Vorstellung davon, wie sehr sie mit ihrem Konsumverhalten dazu beiträgt, das Gesicht der Welt zu verändern. So hat zum Beispiel die Herstellung von naturidentischen Aromastoffen durch die Lebensmittelindustrie zum wirtschaftlichen Ruin ganzer Landstriche, wenn nicht gar ganzer Länder der Dritten Welt geführt. So leben heute infolge der Entdeckung des – im übrigen wesentlich geschmacksärmeren – Vanillins Tausende von Kleinbauern in Madagaskar, die einst Vanille anbauten, in extremster Armut. Ganz ähnlich ist es mit den Hamburger-Rindern, den Ochsen und Kühen, die der Westen mit wildem Heißhunger in gigantischen Mengen verschlingt und die heute 24 Prozent der kultivierten Fläche dieses Planeten in Beschlag nehmen: Ein Drittel des mexikanischen Getreides wird an diese Rinder verfüttert, damit die Amerikaner sich in diesen entsetzlichen McDonald's-Restaurants die Bäuche vollschlagen können. Ein Viertel der kultivierbaren Flächen Brasiliens wird zur Mästung von Exportrindern genutzt. Natürlich fehlt dieses Kulturland nunmehr für den Anbau von Mais, Bohnen und all den anderen Grundnahrungsmitteln der Bauern Lateinamerikas. In den USA ist das Beef-Business 40 Milliarden Dollar schwer. Wir haben diesem Thema eine komplette Ausgabe der Zeitschrift *Colors* gewidmet und versucht aufzuzeigen, wie das Beef-Business die Kolonialisierung der Erde vorantreibt: durch riesige Berge von Ausscheidungen, durch -zig Millionen Tonnen Scheiße, die das Wasser und die Atmosphäre vergiften! Durch die verdummende und marktschreierische, allgegenwärtige Werbung für Hamburger, all die McDonald's-, Whimpy-, Free Time-Filialen in allen größeren Städten der Welt.

Was wir im Westen konsumieren, verändert das Gesicht dieses Planeten; denn unsere Produkte, unsere Lebensart und unsere Eßgewohnheiten kolonialisieren die ganze Welt. Sei's drum – so ist das halt im Kapitalismus. Es dauert eh nicht mehr lange, und Asien schlägt zurück. Einstweilen übernimmt die Werbung die Rolle des Unterhändlers. Sie hat nur diese eine Aufgabe: die anderen Länder davon zu überzeugen, daß unsere ach so gesunde Ernährungsweise, unsere ach so wahre Art zu leben der einzig akzeptable Weg ist. Zu Beginn des Jahrhunderts gab es noch in jedem Land Dutzende verschiedener Erfrischungsgetränke, Limonaden oder Fruchtsaftmischungen. Und dann hat Coca-Cola alles erobert. Mit ihrem Vertriebssystem und ihrer Werbung haben sie alle Konkurrenten verdrängt, alle Welt trinkt jetzt Cola. In Lateinamerika gibt es ausgezeichnete Guaranagetränke, belebend und lecker: Sie sind jetzt schwerer aufzutreiben als eine Coke. Die Monokultur gewinnt jeden Tag mehr an Land – der Werbung sei Dank!

Auch das angelsächsische Frühstück hat sich mit den Kellogg's Frühstücksflocken auf allen fünf Kontinenten durchgesetzt. Jetzt darf man sich in allen Hotels der Welt das gleiche »breakfast« zu Gemüte führen. Dabei gibt es doch so viele andere köstliche Varianten, Mais zu genießen, wie z. B. Polenta in Italien, Tortillas in Mexiko etc. Aber nein, die »diätetischen« Obsessionen jenes alten Reaktionärs Kellogg haben die ganze Welt erobert und die Geschmacksgewohnheiten gleichgeschaltet – der Werbung sei Dank!

Sie geben jetzt vielleicht zu bedenken, daß Benetton seine Pullover ja auch in der ganzen Welt verkauft. Ja, stimmt schon, aber Benetton versucht mit seiner Werbung nicht, eine bestimmte obligatorische Lebensart aufzudrängen. Benetton versucht auf keinem seiner Plakate einzuhämmern, daß das Leben in ihren Pullovern lebenswerter ist als in anderen.

Wie wir gesehen haben, verkauft die Werbung keine Produkte, sondern Lebensweisen, ein gesellschaftliches System, homogen, untrennbar mit einer eroberungslustigen Industrie verbunden. In den ärmeren Ländern offeriert sie das Standardmodell der glücklichen westlichen Existenz mit Cornflakes am Morgen, Hamburgern zu Mittag, Einkäufen im Ford am Nachmittag und Coca-Cola für den kleinen Durst zwischendurch. Sie versucht mit allen ihr zur Verfügung stehenden Mitteln – Suggestion, Erotik, Bildern von Überfluß, Gesundheit, unbeschwerter Jugend etc. –, die traditionell verwurzelten Geschmacksgewohnheiten und qualitativ hochstehenden Produkte zu ersetzen, wobei die andere Art zu leben plattgewalzt wird. Als Christoph Kolumbus – von dem, wie wir niemals vergessen sollten, letztlich das Wort »Kolonialismus« stammt – und die Conquistadores in der Neuen Welt an Land gingen, taten sie dies vor allem, um zu plündern, aber auch, um ihre Waren zu verkaufen.

Können Sie sich die Indios am Ufer vorstellen, wie sie diese riesigen Schiffe ankommen sahen, auf deren geblähten Segeln übergroße Kreuze prangten? Männer in metallenen Brustharnischen kommen an Land, reiten hoch zu Roß und haben Stöcke, die Blitze schleudern und noch auf dreißig Meter Entfernung töten können. Das was ein riesiger Technologieschock. Wenn die Werbung heutzutage in den ehemaligen Ostblockstaaten oder in Ländern der Dritten Welt anlegt, dann ist es im Prinzip immer noch Christoph Kolumbus, der an Land geht. Er sucht Reichtümer, besonders das El Dorado, er wird rauben, kaufen, modernisieren, aber auch Produkte und den damit einhergehenden Lebensstil verkaufen. Schauen Sie sich doch nur an, in welchem Maße Coca-Cola zum Symbol des amerikanischen Kapitalismus geworden ist. Kaum hing das erste Coca-Cola-Plakat in den Straßen Pekings, ging das Bild um die ganze Welt. Das war das Symbol für den Umbruch in China, für den Eintritt in das Reich der freien Marktwirtschaft – und der Konsumgesellschaft.

Die Werbung ist die letzte kampfeslustige Ideologie

Die Eröffnung der ersten McDonald's-Filiale in Moskau war ähnlich wie in China gleichbedeutend mit einer politischen Wende. Heute beginnen die Menschen in den ehemaligen

Ostblockstaaten langsam zu verstehen, daß das liberale System nicht ganz so ist wie das karikatureske Idealbild, das die Werbung vermittelt. Sie blicken auf Arbeitslosigkeit, Preisgabe sozialer Absicherungen, Fabrikschließungen, die Rezession, kolossale Bereicherung einiger weniger, mafiöse Verbindungen, massenhafte Prostitution und all die anderen Dramen, die in den Werbespots keinen Platz haben.

Der Kunsthistoriker Achille Bonito Oliva – einer der leitenden Köpfe der Biennale von Venedig 1993, bei der ich meine Kampagne mit den Genitalien ausstellen durfte – hat sehr gut beschrieben, inwieweit Coca-Cola nicht nur eine Marke, sondern das Symbol eines politischen Kreuzzugs ist. Ich zitiere: »In hoc signo vinces, in diesem Zeichen wirst du siegen – dieser Satz, diese Inschrift auf dem Kreuz, das Kaiser Konstantin, nachdem es ihm vor der Schlacht gegen Maxentius erschienen war, auf seine Standarte malen und dann vor seiner Armee hertragen ließ, war vielleicht der Urvater aller Werbeslogans.

›In diesem Zeichen wirst du siegen‹, Coca-Cola scheint das der ganzen Welt zu verkünden und stützt sich dabei auf das politische Image der USA, die heute als die einzige Großmacht der Welt gilt. [...] Der gewinnbringende amerikanische Optimismus liefert Coca-Cola die strategischen Grundlagen für eine Werbeschlacht, die es mit der des Christenheeres und ihres Schlachtrufes aufnehmen kann. Diese Strategie, die sogar im Iran greift, rollt das Schlachtfeld des Handels auf wie bei einem Baseballmatch und nutzt die intellektuelle Trägheit einerseits und andererseits den Aktivismus im Management, einer Welt, die verspielt und erwachsen zugleich ist. Dieses alkoholfreie Getränk ist nicht nur ein Durstlöscher. Es ist zum triumphalen und magischen Klischee geworden, das uns verkündet: ›Coca-Cola ist mehr‹.«

Kreuz, Hakenkreuz, Coca-Cola – hier schließt sich der Kreis der Geschichte der Werbung. Von der Kirche hat sie die Reklame für das Himmelreich, das Paradies auf Erden, die Wunder, die heiligen Jungfrauen auf Hochglanzpapier, die wundersame Brotvermehrung, die Symbolkraft der universellen Logos und die Idee einer organisierten Kampagne ausgeliehen. Von der kommunistischen wie auch der nationalsozialistischen Propaganda hat sie die Inszenierung der gesunden, schönen, überlegenen, futuristischen und immer lächelnden Übermenschen übernommen, die alle anderen ausgrenzt. Mit Coca-Cola kolonialisiert sie die Erde kraft ihrer glückseligen Bilderwelt und der durch sie ausgelösten wollüstigen demokratischen Schauder. Sie muß nicht einmal groß erläutern, überreden oder Ideen verkünden, es genügt, überall die Logos hinzuklatschen und uns zu hypnotisieren mit den erotischen Inszenierungen und Klischees. Die Ikone ersetzt das Wort. Das Bild ist zur Wahrheit geworden. Eine physische Manifestation jenseits der Worte. Es hängt ganz davon ab, welches Bild man wählt!

Wie ich auf einem Foto, aber nicht auf dem Standesamt oder in der Kirche heiratete

Heutzutage glaubt das Publikum das, was es in den Nachrichten, in den Fernsehsendungen und in der Werbung sieht. Man glaubt an den Wahrheitsgehalt von Bildern in einer

Nachrichtensendung, ohne daß man selbst beim Geschehen dabei gewesen wäre. Alles ist neu zusammengeschnitten, auf das nötige Format gebracht, beschleunigt oder verlangsamt, und dennoch ist das die Wahrheit. Der Golfkrieg im Fernsehen war der echte, der wahre Golfkrieg. Abertausende von Irakern wurden getötet, das gesamte Bewässerungs- und Trinkwassersystem des Landes wurde zerstört, Tausende von Kindern sterben immer noch an Diarrhöe, da es an Medikamenten mangelt, aber das weiß niemand und das will auch niemand wissen. Die Wahrheit ist das Fernsehbild. Der Bildschirm ist die Wahrheit.

Jedem Foto wohnt seine eigene Kraft inne, und es kann Schreckgespenster oder Erinnerungen heraufbeschwören, Analogien oder Interpretationen auslösen und dadurch zu seiner eigenen Wirklichkeit werden. Ich zum Beispiel habe Jahre vor meiner tatsächlichen Trauung zuerst auf dem Foto geheiratet, nicht in Wirklichkeit! Ich war in einem Studio gerade dabei, Kirsti zu fotografieren, die Frau, die ich dann später tatsächlich heiraten sollte (wir lebten damals schon zusammen). Sie posierte in einem Hochzeitskleid von Dior. Nur so zum Spaß wählte ich mit der Kostümbildnerin ein Hemd und eine schrille Krawatte aus, und ich bat meinen Assistenten, uns zu fotografieren. Wir schickten unseren Eltern und Freunden Abzüge davon. Sie alle haben wirklich geglaubt, wir hätten tatsächlich geheiratet – so richtig im Standesamt und mit Zeugen! Die Mütter weinten, die Väter beglückwünschten uns, und das Foto wurde schön gerahmt aufgestellt oder an die Wand gehängt. Man bestürmte uns mit Fragen: wo das denn gewesen und wer denn alles dabeigewesen sei? Das war ganz schön peinlich. Also erzählten wir, wir seien in Las Vegas gewesen. Fünf Jahre später haben wir dann unserem ersten Kind zuliebe in aller Form – nach zahlreichen Komplikationen wegen der Visa – geheiratet. Um heute verheiratet zu sein, muß man nicht mehr aufs Standesamt oder in die Kirche gehen, es genügt, beim Fotografen vorbeizuschauen.

Das gleiche gilt für das Geschäftsleben. Ein typisches Beispiel dafür ist der Milliardär Hammer, der in der Sowjetunion ein Vermögen gemacht hat. Er war es, der Luciano Benetton in Rußland bekannt gemacht hat. Eines Tages hat er mir erzählt, daß er seine Glaubwürdigkeit in der kommunistischen Welt einem Foto verdanke, das ihn an der Seite von Lenin zeigte. Damit ging er überall hausieren. Wer so nah bei Lenin stehen darf, der muß ja wohl ein enger Freund der Mächtigen sein …

Mit der Werbung funktioniert das ähnlich. Man muß nahe dran sein an den glücklichen Gestalten der Werbung, um zu gesellschaftlichen Ehren zu kommen, um als konform und integriert zu gelten und wirklich wahrgenommen zu werden. Die Werbung ist der Abklatsch der Wirklichkeit, also ist sie die Wirklichkeit. Die Werbung lehrt uns, wie wir uns in der Konsumgesellschaft zu verhalten haben. Sie gibt ein gesellschaftliches Modell vor: Ich kaufe, also bin ich. In dem Maße, wie Sie dem Modell ähnlich werden, steigen Sie weiter empor auf der modernen Erfolgsleiter.

Diese Erziehung erfolgt ohne unser Wissen und unterbewußt; sie schmiert uns mit ihren Kriterien, ihrer Normalität allmählich ein; sie konditioniert unseren Geschmack und unsere Reflexe. Wir werden alle zu Kindern der Werbung.

Ich mache keine Unterschiede mehr zwischen den Mechanismen der Werbung, des Fernsehens und jenen der anderen Medien. Sie funktionieren überall auf die gleiche Art, mit den gleichen Tricks und nach dem gleichen Schema. Durch die Bank machen jetzt alle großen Magazine der Printmedien mit Top-Models auf, nicht nur die Boulevardblätter und die Klatschpresse. Die berühmten Mannequins haben Aberhunderte von Zeitungscovern zusätzlich zu ihren Tausenden von Werbefotos gemacht. Allmählich verwechselt man den redaktionellen Teil mit der Reklame.

Im Fernsehen rollen alle amerikanischen Serien das gleiche »nette« Traumschema ab wie die Werbung: Superblondinen, gute Gefühle, eine keimfreie, von der Polizei wohlbehütete Welt, die Bösen, die immer bestraft werden, schnittige Autos, die Macht, die durch den Konsum begehrter Marken betont wird, der Clipstil à la »Miami Vice« ... – Werbestil eben. Alle Gameshows, alle Teleshopping-Sendungen oder alle Sendeformen wie »Der Preis ist heiß« sind mit der Werbung verbunden, machen selbst Werbung oder rufen dazu auf, auch ja zu konsumieren, indem sie uns phantastische Werbegeschenke versprechen, die unser Leben verändern. Shows ähneln immer mehr riesigen Promotion-Events, da sich Schauspieler und Sänger immer nur dann einladen lassen, wenn sie ihren neuesten Film oder ihre neueste CD vorstellen möchten. Sie präsentieren sich dabei immer mit einem strahlenden Lächeln, ganz wie in der Werbung. Die Showmaster ihrerseits machen in ihrer Werbedeko nichts anderes, als für sich selbst in ihrer eigenen, von Werbung unterbrochenen Show zu werben. Sie sprechen von »meinen lieben Gästen«, »meinen schrecklich indiskreten Fragen«, »jener hitverdächtigen Single«, während Schönheiten in tiefausgeschnittenen Dekolletés und kurzen Röckchen um sie herumscharwenzeln und kaum mehr als drei Worte hervorbringen, ganz wie in der Werbung.

Wir betreten das Zeitalter des Posthumanen

Wir leben mit dem Fernsehen und der Werbung in einer Art Dauerdialyse fürs Hirn – jeweils vier bis fünf Stunden pro Tag in Europa und in den USA. Wir essen fern. Wir sprechen fern. Wir denken fern. Wir wachen fern auf. Wir legen uns fern schlafen. Wir begehren fern. Wir vögeln fern, erigiert angesichts der erotischen Werbung. Das Fernsehen ist die Verlängerung unseres Körpers, unseres Geistes, es reizt unsere Nerven und unseren Appetit. Wir sind schon nicht mehr menschlich, sondern Maschinenmenschen, Halbroboter, Sklaven. Wir sind unter die Herrschaft der Fernsehdiktatur geraten, die nicht gewaltsam, sondern sanft in Werbemanier über uns kam – was sie ja so gefährlich macht. Ganz so wie der von Henry Miller angekündigte »klimatisierte Alptraum«, der zuerst unsere kleinen Wünsche als schlafende Konsumenten weckt und sie dann befriedigt. Unsere großen Werbetheoretiker versuchen das gar nicht zu verhehlen, wenn sie beispielsweise schreiben: »Die Werbung hat alles erobert… Sie ist zum Schulmeister unserer Kinder geworden, da sie bei ihren Lehrern achthundert Stunden absitzen, das Fernsehen dagegen tausend Stunden eifrig verfolgen. Sie sitzen gebannt vor unseren Spots, und so wird die Werbung auch zum Lehrmeister fürs Leben.« (Jacques Séguéla)

Italien wurde unter der Regierung Berlusconi zum Vorreiter dieser neuen Tyrannei, in der die Chefs von Fernsehanstalten zu Staatschefs werden. Sie kontrollieren das Bild und damit die Realität – den Körper und den Geist. Es entwickelt sich eine sanfte, überzeugende, unterschwellige Diktatur, die von den Experten für Einschaltquoten gezielt gesteuert wird. Die schlimmstmögliche aller Diktaturen, da gegen sie keine Revolte mehr möglich ist. Sie braucht keine Gefängnisse und keine Wärter mehr. Anstelle von Gittern gibt es Bildschirme. Es gibt nur noch ein Leben aus zweiter Hand. Die größten Feste, die stärksten Gefühle werden virtualisiert. Der direkte Kontakt zwischen den Menschen mit all ihrer Wärme, den Festen, Gesprächen, dem Humor, der Liebe und Verführung verschwindet zugunsten einer kalten elektronischen Pseudokommunikation. Science-fiction? Huxleys schöne neue Welt ist schon da!

Bald wird die ganze Welt am Tropf des Fernsehens und der Werbung hängen. Wir betreten eine posthumane Welt, die von Coca-Cola, McDonald's, Microsoft und IBM gesponsert wird, unter der freundlichen Leitung eines Cyber-Berlusconi. Wir werden in einer Technosphäre leben, in der die weitestgehend überflüssig gewordenen Körper mit riesigen Fernsehern und Computern mit »Gefühlshandschuhen« verbunden sind. Wir müssen unser phantastisches »Elektronisches Landhaus« nicht mehr verlassen, wir können das aktuelle Weltgeschehen mit inszenierten Nachrichtensendungen im Kinoformat immer live mitverfolgen, ohne direkt mit der Wirklichkeit konfrontiert zu werden. Wir können alles einkaufen, ohne das Wohnzimmer zu verlassen, indem wir den interaktiven Bildschirm antippen, wenn uns im Anschluß an verlockende 3D-Reklamespots die Lust danach überfällt. Hyperempfindliche Bildschirme, die die Bewegungen unserer Pupillen verfolgen, unsere Reaktionen und Wünsche registrieren und ihnen sogar zuvorkommen, bieten uns andauernd das an, wovon wir träumen. Dank Cybersex-Verbindungen besteigen wir eine virtuelle Claudia Schiffer mit zwölf elastischen Brüsten, und wir können an Knöpfchen drehen, um das Höchste der Gefühle zu erreichen. Hurra, hurra, das Glück ist da!

Weshalb ich meinen Fernseher aus dem Fenster geworfen habe

In Italien hat man mich völlig runtergemacht, als ich zugab, keinen Fernseher zu besitzen. Ich hätte niemals gedacht, daß es so wenig bedarf, um auf einen Schlag »ein Intellektueller« und ein Protestler zu werden. In der Wochenzeitschrift, in der man mir dieses Verbrechen zum Vorwurf machte, bemühte sich der große Umberto Eco um »einen dritten Weg, über Fernsehen zu sprechen«. Wenn man diese Journalisten, Moderatoren und Soziologen so hört, könnte man glatt meinen, daß heutzutage niemand mehr ohne Fernsehen auskommt, vor allen Dingen sie nicht. Man sollte, so schrieb Eco, sich ein für alle Mal damit abfinden, »daß dem Fernsehen genau derselbe Status einzuräumen ist wie […] Telefonen, Flugzeugen, Zeitungen und all den anderen

Werkzeugen einer fortschrittlichen Gesellschaft«. Sagen Sie mir, haben es das Fernsehen und seine Milliarden Anhänger in der ganzen Welt, die täglich drei bis vier Stunden vor der Glotze verbringen, wirklich nötig, von all diesen großen Denkern verteidigt zu werden? Ist es denn so dringend notwendig, ein verdummendes Haushaltsgerät zu preisen, das von geringerem Nutzen als ein Kühlschrank oder ein Bügeleisen ist? Der Platz, den die Printmedien, die Magazine für das Fernsehen bereithalten, scheint mir sowieso schon übertrieben. Muß man darüber hinaus auch noch abstruse Debatten führen über diesen berüchtigten »dritten Weg«, wenn schon der erste alles dominiert?

Ein Kommentator des italienischen Fernsehens machte sich über die Leute lustig, die das Fernsehen ablehnen, und mokierte sich, daß »sie ihre Abende mit Trivial Pursuit verbringen, weil in ihren Regalen vielleicht gar keine Bücher stehen«. Ich weiß zwar nicht, woraus dies »pursuit« besteht, aber meine ganze Sympathie gehört auf jedem Fall dem Wörtchen »trivial« und den Bildschirmdeserteuren. Wer hat denn festgelegt, daß die Italiener ihre Abende ausschließlich mit Fernsehen auszufüllen haben? Wer sagt denn, daß die einzige Alternative zu TV-Dinners in der Lektüre von Büchern besteht? Das ist doch idiotisch. Genausogut könnte man auch vorschreiben, kleine Kinder niederzumetzeln, da man gerade nichts Besseres zu tun hat – immer vorausgesetzt, eine Sendung mit Pippo Baudo* wäre nicht so spannend, daß sich auch potentielle Mörder davon fesseln ließen! Die Italiener sind wie alle europäischen Völker eini-

*Altgedienter und berühmter Moderator des italienischen Fernsehens.

ge tausend Jahre ohne Fernsehen ausgekommen: Die berühmte Straßenkultur, die Wortgefechte, die Lieder, der Klatsch, die Anmache, die speziellen Gesten haben sich ganz ohne sein Zutun entwickelt. Ich habe es verdammt noch mal keinen Moment lang bedauert, keine Flimmerkiste zu besitzen! Ich habe das Recht, auf Eure Laster zu verzichten, ohne daß ich mich von Euch wie ein Verbrecher behandeln lassen muß!

Während Ihr vor der Glotze hängt, spiele ich lieber mit meinen Kindern, kümmere mich um meine Fohlen, reite auf einem meiner Pferde in den Sonnenuntergang, diskutiere mit Freunden oder schlafe mit meiner Frau. So posthuman wie Ihr bin ich schon lange, ich schlurfe nur etwas hinterher.

10

Turbo-GTI,
Modell »4-Vollidioten-weniger«

»Die Werbung verfolgt das Ziel, ein Produkt zu verkaufen, also Kapital zu erzeugen. Theoretisch sollte der Zugewinn proportional zum Bekanntheitsgrad der Kampagne steigen. Die Bilder Toscanis von der harten Realität dagegen stellen das Produkt Benetton nicht unbedingt in den Vordergrund. Es wird fast nur noch repräsentiert über die kollektiven symbolischen Vorstellungen, die in uns hervorgerufen werden. Wir wohnen hier zweifelsohne der Inszenierung neuer Kommunikationsformen bei, bei denen das zu bewerbende Produkt verschwinden kann und nur noch angedeutet wird.

Ist der Übergang vom idealisierenden und manchmal falschen Ansatz der traditionellen Bilderwelt zu einem realistischeren Ansatz, der brutal oder schamlos, manchmal unerträglich sein kann, dafür aber verstärkt auf den Symbolcharakter setzt, nicht besser mit der Moral vereinbar in bezug auf das erhoffte Geld?«

Anne Geiser,
Konservatorin des Medaillenkabinetts,
Lausanne, Schweiz

In Italien sollte ich eine Kampagne zum Thema Sicherheit im Straßenverkehr machen: Untersuchungen hatten ergeben, daß sich die Hälfte der Unfälle, bei denen Jugendliche verletzt oder getötet wurden, nachts auf dem Weg von der Disco nach Hause ereigneten; die Kerle rasen wie die Blöden, um den Mädchen zu imponieren und vor den Kumpels anzugeben. Daher besorgte ich mir bei der Polizei Fotos von Unfallautos. Es waren einige darunter, die mich sehr beeindruckten, wahre Skulpturen wie von César, ästhetisch und dramatisch zugleich. Ich wählte das Foto eines großen, völlig zusammengequetschten Autos aus. Dieses Foto setzte ich in die Mitte eines weißen Plakates. Über das Wrack schrieb ich wie bei einer normalen Autowerbung die Zahl der Zylinder und Ventile, Beschleunigung von 0 auf 100 km/h in sechs Sekunden, 120 PS, GTI.

Darunter setzte ich: »Modell 4-Vollidioten-weniger«.

Ein Teil des enormen Werbebudgets der Automobilindustrie sollte für die Verkehrserziehung von Autofahrern eingesetzt und somit für eine soziale und präventive Aufgabe verwendet werden, damit diese nicht nur den staatlichen Aufklärungskampagnen überlassen bleibt. Ich bin sicher, daß das Publikum es honorieren würde, wenn ein Autobauer diese Art von Kommunikation herstellte, in der an Intelligenz und Vorsicht appelliert wird.

Ob Tabak oder Marihuana: Man muß auch über
die Gefahren eines Vergnügens aufklären

Das gleiche gilt für die großen Zigarettenmarken. Sie haben noch nie Kampagnen zu den wahren Gefahren von Nikotin und Tabakkonsum gemacht. Statt dessen lassen sie Männer auf Pferden durch zerklüftete Felslandschaften in glasklarer Luft reiten. Aber warum werden Raucher für blöd erklärt? Diese wissen schließlich ganz genau, daß Tabak schädlich ist, daß ihr Laster Risiken birgt und daß sie süchtig sind. Warum geben Philip Morris, Marlboro oder die Tabakunternehmen unter staatlicher Regie keine detaillierten Informationsbroschüren heraus, in denen die schädlichen Folgen von Teer und Nikotin genau beschrieben werden – die Gefährdung ab diesem oder jenem Schadstoffgehalt, mögliche gesundheitliche Folgeschäden bei mehr als soundsoviel Zigaretten am Tag, die ungünstigsten und die weniger gefährlichen Momente, um zu rauchen, die Adressen von Anlaufstellen für diejenigen, die an dieser oder jener Krankheit leiden und ähnliches mehr?

Staatliche Behörden und Zigarettenpapierhersteller hätten schon längst Kampagnen dieser Art über Marihuana durchführen sollen. In ganz Europa gibt es Millionen von Cannabisrauchern, die zum größten Teil noch sehr jung sind. Es wäre an der Zeit, Aufklärungsbroschüren in den Apotheken auszulegen, in denen die Gefahren von Joints und Tabak genauestens beschrieben werden, und die Auskunft darüber geben, wie man nicht süchtig wird, welche Beimischungen man meiden sollte, welche Probleme sich beispielsweise für das Autofahren ergeben.

Seit einigen Jahren führen die großen Zigarettenkonzerne enorme Werbekampagnen in den Ländern der Dritten Welt und in Asien durch, um die Leute dort zum Rauchen zu animieren, damit auf diese Weise die Einnahmeverluste in den westlichen Ländern wettgemacht werden können. Dabei sind die Folgen für die Gesundheit der Bewohner dieser Länder schon im voraus bekannt, für die das Rauchen einer amerikanischen Zigarette genau wie das Trinken einer Coca-Cola bedeutet, ein bißchen am westlichen Traum teilhaben zu können. Die Regierungen dieser Länder werden die großen Marken eines schönen Tages sehr teuer für die Konsequenzen aus Tabakabhängigkeit und Alkoholismus bezahlen lassen. Warum kann man nicht schon jetzt reagieren, wo die schädlichen Auswirkungen von Tabak in Europa und in Amerika längst bekannt sind? Warum vermeidet man immer noch peinlichst die fundamentale, unausweichliche Frage, die sich am Ende dieses Jahrhunderts aufdrängt: ob, und wenn ja, welche ethische Verantwortung Kapitalismus und Konsumgesellschaft haben?

Warum sieht man in den Aids-Aufklärungskampagnen nie einen erigierten Penis?

Die Unternehmen machen einen Fehler, wenn sie niemals über die Gefahren informieren, zu denen der unmäßige Gebrauch ihrer Produkte führen kann. In letzter Konsequenz stellt die Öffentlichkeit die gesamte Werbung und damit den gesamten Konsum in Frage. Denken wir doch nur einmal an das fatale Problem, das sich durch den dramatischen Einbruch von Aids in die Werbung ergab: Wie kann man vernünftig über die Gefahren der Lust aufklären, ohne gleich zur Abstinenz aufzurufen, da doch jeder von vornherein weiß, daß diese nie und nimmer eingehalten werden wird?

Unzählige Aufklärungskampagnen zu Aids und Präservativen bleiben steril, dumm und verklemmt. Es wagt schlicht niemand, darin den Geschlechtsverkehr und die damit verbundene Lust zu zeigen: Ausgerechnet hier liegt doch schließlich die Hauptgefahr! Es hatte erst der mutigen Kampagnen von Act Up bedurft, damit endlich einmal klare Aussagen gemacht wurden. In ihnen wurden das lustvolle Vergnügen und damit verbundene sichere Praktiken, Safer Sex, tabulos gezeigt: »Nein, diese Fellatio, nein, dieser Analverkehr, diese Art der Penetration, dieser Cunnilingus, all die schönen und lustvollen Praktiken, die hier im Film gezeigt werden, stellen keine Gefahr dar, solange man ein Präservativ benutzt, das man folgendermaßen über einen erigierten Penis abrollt, oder einen Vaginalschutz nimmt, mit dem man am besten so umgeht: ...«

Ein solch direktes Vorgehen wäre der richtige Ansatz für alle Bereiche der Werbung, um auf andere gefährliche Vergnügungen des Lebens und des Konsums hinzuweisen. Stellen Sie sich den Marlboro-Mann vor, der sagt: »Ich will versuchen, weniger zu rauchen«, oder gar: »Nur eine Kippe, und nur nach einem guten Essen, und meine Lunge hat mehr davon!« Oder einen GTI-Fahrer, der erklärt: »Ich drücke nur bei mir im Badezimmer auf die Tube!«

In den USA gibt es jetzt einen Verein namens Direct Impact, der Kampagnen entwirft, die man in der Werbung sonst nicht zu sehen bekommt. Er wurde vom Musiker Michael Stipe von der Rockband REM und dem Regisseur Jim McKay gegründet. Der Verein produziert Clips zu sozialen Themen, zu öffentlichen Kontroversen und andere mehr, die gute Ideen vorstellen. So zeigt ein antirassistischer Spot Paare unterschiedlicher Hautfarbe, die Spaß miteinander haben, und dazu den Untertitel: »Love knows no colors«. Ein anderer, für den sich der Rapper KRS-One zur Verfügung stellte, tritt für pazifistische Ideen ein. Wieder andere Filme behandeln Safer Sex, sexuelle Belästigung am Arbeitsplatz oder das Recycling umweltschädlicher Produkte. Einige große Markenunternehmen folgen diesem fast schon politischen Vorgehen, beispielsweise die Firma Yves Rocher, die im Sommer 1995 in einer europaweiten Kampagne gegen die Wiederaufnahme der französischen Atomtests im Pazifik protestierte.

Der New Yorker Journalist und Schriftsteller Contardo Calligaris hat Gedanken zu diesem Thema in einem in São Paulo, Brasilien, erschienenen Artikel pointiert zusammengefaßt: »Toscanis Werbestrategie setzt auf die Idee, daß es vielleicht möglich ist, eine Art von allgemeinem humanistischem Gedankengut unter Anerkennung und ausdrücklicher Nutzung der Macht des Marktes öffentlich zu verbreiten. Ein Gedankengut, das sich nicht auf die stereotypen Bilder eines künstlichen Glücks reduziert, die üblicherweise derzeit die Kommunikation und die Werbung beherrschen. Sein Ziel ist dabei nicht die Zerstörung dieses wichtigen kulturellen Werkzeugs unserer Tage, sondern dessen Veränderung. Toscani hat sich vorgenommen, den Marken neue Wertschätzung zukommen zu lassen, indem er sie neue Botschaften verbreiten läßt. So soll die kommunikative Kraft der Marken ihren Wert bestimmen. Die Produkte beziehen ihre Anziehungskraft demnach weniger aus Versprechungen nach Art des Schneewittchenspiegels (›Ich bin die Schönste im ganzen Land‹), sondern über die humanen, politischen oder gar intellektuellen und künstlerischen Komponenten der Botschaften, die von den Herstellern propagiert werden. Die Produkte selbst ändern sich dadurch. […]

Würden Sie eine Jeans lieber deswegen kaufen, weil diese Sie über kitschige Ansichten von Colorado oder einen sexy Mädchenhintern schwelgen läßt, oder weil sie Sie an das gemahnt, was in der Welt, z. B. in Sarajevo, vor sich geht? Die Antwort ist ungewiß. […] Es geht jedoch gar nicht darum, sich für die Klischees des Konsums oder die der Aufklärung zu entscheiden. Allein entscheidend ist letztendlich, daß sich jemand bemüht, den Beweis anzutreten, daß die Werbung, die bedeutendste Ausdrucksform unserer Kultur, auch etwas anderes vermitteln kann als diese Schmierenkomödien vom Glück …«

Body Shop: Geschichte einer Marke und ihres Umweltengagements

Einige Unternehmen entwickeln seit einer Reihe von Jahren eine Kommunikation, die nichts mit herkömmlicher Werbung zu tun hat. Manche unterstützen Wohltätigkeitsstiftungen, andere fungieren als Mäzene, und wieder andere engagieren sich hinsichtlich der großen Probleme unserer Zeit. Da wäre beispielsweise die Strategie des Body Shops, eines Unternehmens, das Kosmetika auf Basis natürlicher Rohstoffe herstellt. Die Geschäftsleitung, die Roddicks, wollten niemals direkt Reklame für ihre Cremes, Seifen und Body-Lotions machen. Es sind ausgezeichnete hypo-allergene Produkte. Muß man das noch extra betonen und Millionen von Dollar ausgeben, um das überall zu wiederholen? Die Roddicks und der Body Shop haben niemals versucht, ihre Kunden durch hinterhältige Werbung über den Alterungsprozeß und das schnelle Dahinwelken ihrer jugendlichen Schönheit zu traumatisieren und dafür auch noch Traum-Models zu plakatieren. Ebensowenig haben sie je mit Hilfe von pseudowissenschaftlichen Kampagnen die »magische« Wirksamkeit ihrer »Antifältchen-« oder »Antialterungs-Gels« gepriesen. Ihre einzige Werbung besteht darin, ihren Kunden Tüten aus Recyclingpapier mitzugeben, die ausführliche Texte über die Umwelt oder Ratschläge zum Umweltschutz in der eigenen häuslichen Umgebung präsentieren. In Großbritannien hat der Body Shop darüber hinaus eine halbe Million DM für den Start der Obdachlosenzeitung *Big Issue* investiert. Innerhalb kürzester Zeit stieg die Auflage der verkauften Exemplare auf 120 000, so daß das Projekt nunmehr mit offenen Büchern fortgeführt werden konnte. Für jede verkaufte Zeitung erhält ein Obdachloser neben der Gelegenheit zu arbeiten 80 Pfennig. Anita Roddick, die Chefin des Body Shop, gibt immer häufiger Erklärungen darüber ab, daß sich Unternehmen originelle Lösungen einfallen lassen müßten im Kampf gegen Umweltverschmutzung, Elend und Arbeitslosigkeit in unseren Ländern.

Sie engagiert sich nicht nur aus reiner Herzensgüte und Menschenfreundlichkeit. Ihr Gedanke ist, daß die Unternehmen solidarisch tätig werden müssen, da anderenfalls der katastrophale Kollaps unseres Systems droht.

Eine solche Einstellung führt natürlich zu einer intensiven Kommunikation über die Marke Body Shop abseits der Werbung. So wurde bekannt, daß das Unternehmen an existentiell bedrohte Menschen in Dörfern der Dritten Welt Aufträge vergibt, die so einen Abnehmer für ihre landwirtschaftlichen Produkte haben. Dieses Programm von Anita Roddick heißt *Trade, no aid* – Handel statt Wohltätigkeit. Dabei geht es darum, in die lokale Wirtschaft zu investieren und unter Ausschluß von Zwischenhändlern direkt bei den sonst ständig benachteiligten Produzenten einzukaufen. Einige Kritiker warfen ihr Zynismus vor, da sie Gutes nur vollbringe, um besser verkaufen zu können. Da haben wir wieder diese idiotische Argumentation der Linken! Sollte ein Unternehmen auf alle intelligenten Pläne, die Produkte, Herstellung und Kommunikation betreffen, nur deshalb verzichten, weil es ein Unternehmen ist und als solches auf gar keinen Fall Positives bewirken darf?

Bald wird die Öffentlichkeit von den Unternehmen
Rechenschaft verlangen: »Verschmutzen Sie die Umwelt?
Und wie sieht es mit der sozialen Absicherung aus?«

In diesen Tagen entwickelt sich eine immer tiefer- und weitergehende Diskussion über Ethik im Kapitalismus. Es wurde auch langsam Zeit! Industrielle bilden Organisationen, die soziale Aufgaben übernehmen, ihre Entwicklungsstrategien unter Berücksichtigung des Umweltaspektes überdenken und ähnliches mehr. Ich denke da etwa an das »Institut européen du mécénat humanitaire« (IMH) – an dem sich Rhône-Poulenc, Schneider, Axa, Havas beteiligt haben –, das den Kampf gegen Drogenabhängigkeit und Analphabetismus aufgenommen hat und Arbeitsloseninitiativen unterstützt. Oder auch an die Organisation französischer Unternehmer, die Hilfen zur gesellschaftlichen Wiedereingliederung von Obdachlosen anbietet. Alle diese Gruppen und Verbände – und viele andere mehr – entfalten eine Kommunikation, die bis dato innerhalb und außerhalb der Unternehmen unbekannt war. Sie verfechten die britische Idee des Bürgerunternehmens, die das alleinige Streben nach Gewinn unter Mißachtung der Umwelt und jeglicher interner Sozialpolitik ablösen soll.

Das neue Denken geht sehr viel weiter als die reine Unterstützung von Organisationen oder Mäzenatentum; es setzt schon ein, wenn es darum geht, die Produktion selbst kritisch zu hinterfragen: So gibt die Sportbekleidungsfirma Patagonia 1 Prozent ihres Umsatzes an Umweltorganisationen weiter. Yvon Chouinard, der Firmengründer, beschreibt bei der Vorstellung eines jeden neuen Katalogs die

Verantwortung seines Unternehmens gegenüber der Umwelt. Einmal begründete er schriftlich seine Entscheidung, ein Drittel seiner Kollektionen aufzugeben, um sich der Herstellung von Kleidung zu widmen, die robuster und länger haltbar ist, da schon die Produktion eines einzelnen Kleidungsstückes »negative Folgen für die Umwelt« habe. Er kritisierte das Konsumdenken der achtziger Jahre. Ich zitiere: »Je weniger Modelle wir im Angebot haben, desto mehr können wir uns auf die qualitativen Aspekte konzentrieren. […] Unserer Meinung nach hat die Zukunftsformel für die Bekleidungsindustrie zu lauten ›− = + ‹, ›weniger ist mehr‹, das heißt, lieber eine kleinere Auswahl an Kleidungsstücken, dafür bessere Qualität, die lange hält.«

Mein Freund Doug Tompkins von Esprit war einer der ersten, der Recyclingpapier für die Verpackungen im Handel und im Versand verwendete. Und einer der ersten, der eine Kampagne gegen Aids unterstützte. Diese Entwicklung ist nicht mehr aufzuhalten. Demnächst wird die Öffentlichkeit verstärkt Rechenschaft von den Unternehmen verlangen: Wird bei der Produktion die Umwelt berücksichtigt, kommen bei der Arbeit die sozialen Aspekte nicht zu kurz, wird auf Qualität Wert gelegt, wird an die Gesundheit der Konsumenten gedacht undsoweiter? Ich erinnere mich an ein Projekt, eine Werbung für Wanderschuhe. Sie sollte an einem Sonntag erscheinen, an dem die Jagdsaison in Italien eröffnet wurde. Ich schlug folgenden Text vor: »Jäger, während Ihr im Wald auf Vögel anlegt, legen Eure Frauen daheim Hand an die Vögel derer, die nicht auf die Jagd gehen!« Und darunter: »Der Schuh, der die Natur und die

Tiere liebt«. Auf italienisch ist Vogel ein anderer Name für das edelste Teil des Mannes. Keine Zeitung wollte die Anzeige aus Angst vor den Jagdverbänden drucken. Kurz darauf bekam die Presse von dieser Geschichte Wind. Man beschuldigte mich, alle Jäger als Hahnreie abstempeln zu wollen. Und die Jäger antworteten postwendend: »Wenn Sie diese Werbung publizieren, sollten Sie nicht vergessen, daß wir Millionen sind, die Benetton-Läden boykottieren könnten.«

Ich habe diese Anzeige leider nie herausgebracht. Aber ich glaube schon, daß sich ein Unternehmen seine Kundschaft aussuchen darf. Und so beispielsweise die Umweltschützer den Jägern oder Umweltverschmutzern vorzieht. Bei Benetton wählen wir unsere Werbeträger mit Bedacht, und wir unterstützen mutige Zeitungen und solche Projekte, die sich aufgrund ihres Engagements anbieten.

Ich hoffe, auf meine Weise – das heißt, indem ich eine kritische Einstellung gegenüber dem Werbesystem entwickelt und es von innen heraus erschüttert habe – dazu beigetragen zu haben, daß Kommunikation neu überdacht wird. Die Werbung kann nicht mehr lange ihre Augen verschließen und weiterhin sorgfältig jeglicher Bedeutung, jeglichem sozialen Nutzen und jeglichem Nachdenken über das eigene Vorgehen aus dem Weg gehen.

Als ich in der Werbe- und Modebranche anfing und gegen eine wahre Mauer von Borniertheit anrannte, die von mir die Produktion dümmlicher Kampagnen erwartete, fragte ich mich oft: »Oliviero, was machst Du hier überhaupt?« Ich hatte den Eindruck, ein Kollaborateur zu sein, der dabei mithalf, das Volk dumm zu halten und zu tyrannisieren. Und dann traf ich so offene und weltkluge Unternehmensleiter wie Doug Tompkins oder Luciano Benetton. Ich konnte endlich an eine überraschende, engagierte, künstlerische Kommunikation denken und die ganze parfümierte Scheiße vergessen, zu deren Hervorbringung man mich gezwungen hatte.

Im neuesten Benetton-Clip mache ich mich unverhohlen über die Luxusmode und das Mannequin-System lustig: Ein flotter Schlitten kreuzt durch Paris. Der Fahrer kommt an den Boutiquen von Cartier und Chanel am Place Vendôme vorbei, bewundert den glitzernden Charme der Bourgeoisie und ruft: »Ach Paris, du Lichterstadt mit deinen großen Modeschöpfern, voll der Mode und der Eleganz!« Das ganze ist im Stil eines Urlaubsfilms gedreht, die Kamera wackelt, und es ist etwas ganz anderes als die geleckte Werbung mit ihrem Weichzeichner, die man überall sonst sieht. Dann muß das Auto plötzlich vor einer roten Ampel halten, und ein braungebrannter Typ stürzt herbei, einer dieser Fensterputzer, die man in allen Metropolen der Welt antrifft, ein Einwanderer, ein Illegaler, ein Flüchtling. Er wischt mit dem Schwamm über die Windschutzscheibe und verlangt etwas Kleingeld. Er strahlt über das ganze Gesicht, er wirkt sehr sympathisch, er trägt ein T-Shirt »United Colors of Benetton«. Solche Leute sieht man jeden Tag auf der Straße, aber niemals in der Werbung.

Den nächsten Benetton-Katalog hoffe ich bei den zapatistischen Indios im Chiapas realisieren zu können. Diese Menschen leben, umzingelt von der Regierungsarmee, im mexikanischen Dschungel auf Land, das ihres war, bevor die spanischen Siedler kamen. Sie fordern ein Leben in Frieden, eine Agrarreform und fruchtbarere Böden. Ihre Revolte hat die ganze Welt daran erinnert, daß die Frage der Indios in Lateinamerika noch immer nicht geklärt ist. Sie haben diesen Aufstand durch Landbesetzungen am selben Tag begonnen, als Mexiko der NAFTA, dem gemeinsamen Markt der Vereinigten Staaten und Kanadas, beitrat. Seitdem leben die zapatistischen Bauern im Chiapas-Gebiet eingeschlossen, unsichtbar hinter den Checkpoints der mexikanischen Armee. Ich möchte sie der ganzen Welt zeigen. Mit der Bitte, von den Zapatisten an ihrem Zufluchtsort empfangen zu werden, habe ich schon an den Sub-Commandante Marcos geschrieben, diesen vermummten Mann, der ihr Sprachrohr ist und regelmäßig an mexikanische Zeitungen Briefe schreibt, die in Sachen Stil, Phantasie und Unverschämtheit ganz außergewöhnlich sind – etwas ganz anderes als die verquaste Sprache der Guerilleros von einst. Hier mein Brief:

»Sehr geehrter Sub-Commandante Marcos,
mein Name ist Oliviero Toscani, und ich entwerfe seit zehn Jahren die Kommunikationskampagnen für United Colors of Benetton. Seit langem schon verwendet Benetton einen großen Teil seines Werbeetats dafür, um über die dramatischsten Themen unserer Zeit zu sprechen: Aids, Krieg, Rassismus, Intoleranz. Dies ist unsere Art zu zeigen, daß auch ein großes Unternehmen ein ›sozialer Akteur‹ sein kann und durchaus in der Lage ist, in einen intelligenten Dialog zu treten mit den ›Konsumenten‹, die für uns in

erster Linie Menschen sind. [...] Daher haben wir in den Katalogen unserer neuen Kollektionen immer ›wahre Menschen‹ an den Orten fotografiert, an denen sie leben. [...]

Sehr geehrter Sub-Commandante Marcos, wir wenden uns an Sie, da wir genau spüren, daß Kommunikation zu einer neuen Form des Kampfes werden kann: Wir bitten Sie, uns zu ermöglichen, Ihre zapatistische Armee zu fotografieren, mit allen Männern, Frauen und Kindern. Wir möchten Ihnen das Wort überlassen und Ihnen die Möglichkeit bieten, der ganzen Welt die Schönheit der Gesichter derjenigen zu zeigen, die im Namen einer großen Idee kämpfen. Wir meinen, daß ein Ideal den Blick strahlender und klarer macht, und den Gesichtsausdruck derer offener, die dafür kämpfen, daß ihr Traum wahr wird. Wir glauben nicht an die falsche Schönheit der Propaganda für den immerwährenden Konsum...

Aus allen diesen Gründen möchten wir mit Ihnen eine Übereinkunft treffen und Ihnen die Möglichkeit anbieten, Ihr Leben und Ihre Geschichte auf eine neue Art und Weise in einem neuen Medium vorzustellen.«

Bis heute, Ende August 1995, habe ich vom Sub-Commandante noch keine Antwort erhalten.

Die ganze Werbung muß neu erfunden werden.

Vilém Flusser

Medienkultur

Herausgegeben von Stefan Bollmann

Band 13386

Vilém Flussers Philosophie der neuen Medien, so euphorisch sie
sich auch manchmal gibt, entspringt allerdings der Abrechnung
mit jener Sparte von Medien, die wir gewöhnlich für die Medien
schlechthin halten: den Massenmedien. Im so aufregenden wie
aufgeregten Prozeß des Zusammenwachsens von Telekommunikation und digitalen Technologien sah er die Chance, der Fern-
sehkultur zu entkommen. Die Vernetzung der Gesellschaft durch
die neuen Medien bedeutet letztlich einen Umbruch im Kultur-
prozeß, eine »Katastrophe der bürgerlichen Kultur«, die freilich
auch Möglichkeiten für eine neuartige Einbildungskraft eröffnet:
»Es gibt nichts Neues vor der Katastrophe, erst nach ihr.«

Fischer Taschenbuch Verlag

fi 710 / 10

Vilém Flusser

Kommunikologie

Herausgegeben von
Stefan Bollmann und Edith Flusser

Band 13389

›Kommunikologie‹, so nannte Flusser seine Theorie menschlicher
Kommunikation, die im Mittelpunkt seines Werks steht. Das Buch
enthält zwei grundlegende Texte Flussers zu diesem Problemge-
biet: Texte, die zentrale Motive seines Denkens erschließen. Die
menschliche Kommunikation ist für Flusser jener Prozeß, durch
den Informationen gespeichert, verarbeitet und weitergegeben
werden, aber auch stetig neue Information erzeugt wird. Die Kommunikologie beschäftigt sich dabei vor allem mit den Formen und
Codes dieser Informationsvermittlungen, deren historische Wand-
lungen Flusser von der Höhlenmalerei bis zur Kommunikation in
Computernetzen verfolgt: Mit seiner Kommunikologie hat er nicht
nur eine Theorie, sondern auch eine scharfsinnige Diagnose unserer Informations- und Kommunikationsgesellschaft ausgearbeitet.

Fischer Taschenbuch Verlag

fi 421 / 10

Vilém Flusser

Gesten

Versuch einer Phänomenologie

Band 12241

Gesten als Ausdruck einer Freiheit zu entziffern – das versucht
sowohl die Phänomenologie wie auch die Geschichtsphilosophie.
Doch geht die Geschichtsphilosophie davon aus, daß sich die Freiheit in der Zeit ereignet, und zwar in einer ganz spezifischen Zeit:
der linearen. Erst auf dem Boden dieser Hypothese verschafft sie
sich Zugang zu einem Phänomen wie der Geste. Die Phänomenologie dagegen versucht, so voraussetzungslos wie möglich vorzuge-
hen. Sie nimmt ihren Ausgang von der konkreten einzelnen Geste.
Und genau dies ist Flussers Verfahren, das, was sich in Gesten be-
kundet und zeigt, ohne historische oder ideologische Vor-Urteile
»aufzuschließen«: strikte Arbeit an den Phänomenen.

Fischer Taschenbuch Verlag

Paul Virilio

Krieg und Kino

Logistik der Wahrnehmung

Aus dem Französischen von Frieda Grafe und Enno Patalas

Band 6645

Film und militärische Luftfahrt traten gegen Ende des 19. Jahrhunderts etwa gleichzeitig in Erscheinung, und beide haben – das ist die These von Paul Virilio – in den folgenden Kriegen und bis heute mehr miteinander zu tun, als es auf den ersten Blick den Anschein hat: Mit der Luftaufnahme hat sich die Qualität des Krieges entscheidend verändert. Das *bewaffnete Auge* (Dziga Vertov) und die Verfeinerung des (Kamera-)Auges der Waffen sind Teil einer parallelen Entwicklung. Paul Virilio untersucht diese Parallelisierung der Wahrnehmungsweisen von (Film-)Kamera und Waffensystem als Werkzeuge der Perzeption, und er beschreibt die sonderbare Osmose von Kriegs- und Kameratechniken, den historisch bedeutsamen Wandel, der mit der Anwendung von Wahrnehmungsgeräten zu kriegerischen Zwecken in den menschlichen Wahrnehmungsgewohnheiten eingetreten ist.

Fischer Taschenbuch Verlag

fi 2097 / 4

Paul Virilio

Krieg und Fernsehen

Aus dem Französischen von Bernd Wilczek

Band 13778

Krieg und Fernsehen enthält Virilios Beschreibungen und Analysen der Fernsehbilder, die den Golfkrieg '91 in jedes Wohnzimmer brachten. Ein Krieg, der nur wenige Wochen dauerte und dessen in Echtzeit gelieferten Bilder schnell wieder aus dem Bewußtsein der Öffentlichkeit verschwanden. Ein Krieg aber auch, der durch die elektronische Durchorganisation der eingesetzten Hightech-Waffensysteme zu einem Medienspektakel werden konnte, welches vergessen ließ, daß hier vielleicht der Krieg der Zukunft geprobt wurde: Der erste Fernsehkrieg könnte ein Dritter Weltkrieg im Kleinen gewesen sein. Auf jeden Fall führte er den neuesten Stand der Kriegstechnik vor Augen.

Fischer Taschenbuch Verlag

fi 426 / 8

Paul Virilio

Die Eroberung des Körpers

Vom Übermenschen zum überreizten Menschen

Aus dem Französischen von Bernd Wilczek

Band 12719

In diesen Studien nimmt Paul Virilio die Medien- und Biotechnologien unter die Lupe. Sein Interesse gilt der kulturindustriellen Kolonisierung des menschlichen Bewußtseins durch die neuen Informationsmedien auf der einen und der bioindustriellen Kolonisierung des Körpers durch mikro-chirurgische Eingriffe auf der anderen Seite. Es geht ihm um die nahezu unbegrenzte Macht von Techniken, die in den lebenden menschlichen Organismus eingreifen, um ihn durch mikrophysikalische Stimulationen zu manipulieren. Virilio sieht eine Entwicklung innerhalb technokratischer Gesellschaften heraufziehen, die letzte noch verbliebene Schonräume menschlicher Individualität besetzt, um – buchstäblich unterhalb bewußter Wahrnehmung – Kontrollen zu implantieren, die mit der Subjektivität zugleich die Kommunikation zwischen Subjekten zerstören. Virilio beweist mit seinen hellsichtigen und alamierenden Betrachtungen einmal mehr, daß er der Jules Verne unter den Kulturkritikern der Gegenwart ist.

Fischer Taschenbuch Verlag

fi 2220 / 4

Paul Virilio
Rasender Stillstand
Essay

Aus dem Französischen von Bernd Wilczek

Band 13414

In seinen Essays *Krieg und Kino* und *Der negative Horizont* hat
Paul Virilio zwei Aspekte seines Generalthemas dargestellt: die
Verwandlung der Filmkamera in eine Waffe, die Umformung von
Wahrnehmung in einen aggressiven Akt und den Ablauf und die
Gesetze der Menschheitsgeschichte als Beschleunigungsprozeß,
der heute, im Zeitalter gigantischer Informationsnetzwerke, auf
seinen Endpunkt zurast. Der vorliegende Essay beschreibt den
drohenden Endzustand dieser gewalttätigen Beschleunigung in der
alles beherrschenden Telekommunikation. Der Wahn, dank elek-
tronischer Telekommunikation überall und jederzeit dabeizusein,
die Verführung der simultanen Teilhabe an allem, die Erfahrung
der geschichtslosen Augenblicklichkeit im Beobachten: Paul Virilio
hat diesen Zustand als die Leichenstarre der Bewegungslosigkeit,
als mediale Ghettoisierung, als elektronische Apartheid, als Koma
diagnostiziert. Der rasende Stillstand einer Gesellschaft, die Zeit
und Raum hochtechnologisch beherrscht, aber damit an der Aus-
löschung ihrer selbst arbeitet.

Fischer Taschenbuch Verlag

fi 2095 / 4

Michael Diers

Schlagbilder

Zur politischen Ikonographie der Gegenwart

Band 13218

Es ist der Hamburger Kunsthistoriker Aby Warburg gewesen, der meinte, daß sich Zeitströmungen nicht nur in Schlagworten, sondern auch in »Schlagbildern« dokumentieren. Auf der Spur dieser Beobachtungen untersucht Diers die Bildwelten unserer Gegenwart. Seine Texte zeigen, wie sich kunstwissenschaftliche Methoden und Einsichten für die Analyse öffentlicher Bilder und medialer Inszenierungen fruchtbar machen lassen. Sei es nun mit Blick auf die bildgesättigten Inszenierungen politischer Ereignisse, auf die Bilder, mit denen sich die Bundesrepublik im Übergang vom Bonner zum Berliner Gemeinwesen Anschauung ihrer selbst verschafft, auf die Bildersprache der Werbung oder die politische Ikonographie des Denkmals. Indem Diers vor Augen führt, auf welche Weise Bilder ihre symbolische und politische Prägekraft entfalten, sind seine Untersuchungen auch Analysen des heiklen Verhältnisses zwischen medialen Bildern und demokratischer Öffentlichkeit.

Fischer Taschenbuch Verlag

Vittorio Magnago Lampugnani
Die Modernität des Dauerhaften
Essays zu Stadt, Architektur und Design
Aus dem Italienischen von Moshe Kahn
Band 14306

Der orthodoxe Begriff der Moderne, den sich Städtebau, Architektur und Design der Nachkriegszeit von den Entwicklungen
der 20er Jahre vorgeben ließen, ist seit langem in eine Krise geraten. Daß die Dogmatik der funktionalistischen Avantgarden
zu Recht kritisiert wurde, stellt der Architekturtheoretiker und
-historiker Lampugnani nicht in Abrede. Doch ebenso offensichtlich ist für ihn, daß die postmoderne Architektur- und
Designwelt keine überzeugende Alternative ist. Was es vielmehr
braucht, ist ein neues Überdenken der gesellschaftlichen, tech-
nischen, funktionalen und ästhetischen Zwecke jedes Gestaltens: eines Gestaltens, das Stil nicht von optimaler Gebrauchs-
fähigkeit trennt und einer »Ästhetik der Festigkeit, der Dauer,
der Nüchternheit« gehorcht.

Fischer Taschenbuch Verlag

»Unendliche Weiten...«

STAR TREK zwischen Unterhaltung und Utopie

Herausgegeben von
Kai-Uwe Hellmann und Arne Klein

Band 13579

Die Fernsehserie **Star Trek** – Uneingeweihten auch als »Raumschiff Enterprise« bekannt – fasziniert seit über 30 Jahren Millionen von Menschen. Sie hat eine ganze Industrie geschaffen, die mit Kinofilmen, Büchern und Fanartikeln weltweiten Absatz findet. Darüber hinaus entwickelte sich eine lebendige und vielfältige Fanszene, die sich mittlerweile geradezu ein eigenes »Paralleluniversum« geschaffen hat. Woher stammt die ungeheure Faszination von **Star Trek**? Ganz offensichtlich genügt die Serie nicht nur den normalen Unterhaltungsansprüchen – Stars, Spannung, Spezialeffekte –, sondern bietet etwas darüber Hinausgehendes an, nämlich den Blick in eine »bessere« Welt, die die gegenwärtigen Probleme der Menschheit weitgehend gelöst hat. Mit einem Wort also: Utopie. Die Möglichkeit, die Handlung der einzelnen Serienfolgen immer wieder in ein Verhältnis zu setzen mit tatsächlichen Gegenwartsproblemen, erfüllt ganz offensichtlich ein Bedürfnis der Zuschauer nach utopischen Entwürfen. Abgerundet wird der Band durch Porträts wichtiger **Star Trek**-Figuren, Informationen über die Serie und den Fankult und ein Gespräch mit den **Trekkern**.

Fischer Taschenbuch Verlag